战略性金属矿产国内外科技合作现状、渠道、需求分析

ZHANLUEXING JINSHU KUANGCHAN GUONEIWAI KEJI
HEZUO XIANZHUANG QUDAO XUQIU FENXI

段平忠　胡冬梅　编著

图书在版编目(CIP)数据

战略性金属矿产国内外科技合作现状、渠道、需求分析 /段平忠,胡冬梅编著.—武汉:中国地质大学出版社,2023.11
ISBN 978-7-5625-5651-0

Ⅰ.①战… Ⅱ.①段… ②胡… Ⅲ.①战略性-金属矿物-矿产资源开-研究-中国 Ⅳ.①F426.1

中国国家版本馆 CIP 数据核字(2023)第 228813 号

战略性金属矿产国内外科技合作现状、渠道、需求分析	段平忠 胡冬梅 编著
责任编辑:王 敏	责任校对:张咏梅
出版发行:中国地质大学出版社(武汉市洪山区鲁磨路388号)	邮编:430074
电 话:(027)67883511　　　传 真:(027)67883580	E-mail:cbb@cug.edu.cn
经 销:全国新华书店	http://cugp.cug.edu.cn
开本:787 毫米×1 092 毫米　1/16	字数:205 千字　印张:8
版次:2023 年 11 月第 1 版	印次:2023 年 11 月第 1 次印刷
印刷:武汉市籍缘印刷厂	
ISBN 978-7-5625-5651-0	定价:46.00 元

如有印装质量问题请与印刷厂联系调换

前　言

矿产资源作为保障总体国家安全的重要组成元素，长期以来一直是国家现代化建设的重要物质来源，与国家的经济安全和现代化建设高度相关。目前，国家经济建设95%以上的能源、80%以上的工业原材料都来自矿产资源。党的二十大报告指出，中国特色社会主义进入新时代，我国社会主要矛盾已经转化为人民日益增长的美好生活需要和不平衡不充分的发展之间的矛盾。其中，无论是到2035年基本实现现代化，还是到21世纪中叶全面建成社会主义现代化强国，一方面需要通过实体经济的高质量发展来实现；另一方面更需要通过重构产业体系，构建具有中国特色的现代产业体系来实现。现代产业体系的构建特别是战略性新兴产业的发展离不开矿产资源的保障和产业技术的升级。

2015年，国务院正式印发《中国制造2025》，这是中国政府实施制造强国战略第一个十年行动纲领，提出了包括新一代信息技术、高端制造装备等十大战略性新兴产业领域。2021年3月，国务院最新发布的《中华人民共和国国民经济和社会发展第十四个五年规划和2035年远景目标纲要》明确指出，构筑产业体系新支柱，聚焦新一代信息技术、生物技术、新能源、新材料、高端装备、新能源汽车、绿色环保，以及航空航天、海洋装备等战略性新兴产业，加快关键核心技术创新应用，培育壮大产业发展新动能。可以预见的是，随着新一代信息技术、高端装备制造等战略性新兴产业的快速发展，金属矿产作为经济社会发展的基础资源在国家整体现代产业体系中的基础支撑地位将越来越显著，我国构建现代产业体系的战略性金属矿产的资源和技术需求都将持续维持在高位。

国家实现产业技术进步的路径有两条：一是技术引进；二是自主创新。我国之前的产业化进步主要依赖的是技术引进和跟随替代，但目前正推进的产业升级和转型无法再单纯依赖技术引进，西方发达国家持续的技术限制改变了这个路径，迫使我们的产业升级和转型从技术引进跟随型进入自主创新替代型。党的十九届五中全会明确提出了我国产业技术发展的"进口替代"策略，要求战略性新兴产业用高质量进口替代助推高质量发展。这里的高质量发展就是技术引进和自主创新相结合的发展，背后依靠的就是国际科技合作，金属矿产重点战略领域的技术合作更是如此，它不仅存在大挑战，还需要用更宽广的视野、更充分的实力、更强的毅力和更足的耐心来完成这一次产业升级。

在中华人民共和国科学技术部的支持下，笔者以"战略性金属矿产国内外科技合作现状、渠道、需求分析"为题，重点梳理了部分关键金属矿产产业链的技术发展，目的是进一步摸清我国金属矿产重点战略领域科学技术发展的家底，以进一步明确金属矿产重点领域国内、国外的科学技术发展态势，以便为后期国家有针对性制定更严谨的国际科技合作政策提供决策依据。本书的内容安排如下。

第 1 章介绍国家战略性金属矿产的分类、安全级别等基本信息，从国家战略性产业需求角度论述金属矿产资源作为产业发展基础原材料的重要意义和紧缺程度，明确金属矿产领域国际科技合作的重要背景。

第 2 章介绍金属矿产领域国际科技合作的现状。主要分国家部委、科研院所、矿业企业 3 个主体来论述，从总体上来看，3 个主体开展国际科技合作的方式不同，国际科技合作的区域有差别，合作的矿种也各有侧重，并重点论述了矿业企业开展国际科技合作的情况，阐述我国金属矿产领域的国际科技合作总体规模较小、增长空间不大、合作矿种和区域受限的现实，表明进一步推进金属矿产国际化战略的必要性。

第 3 章基于金属矿产产业链进行资源需求和技术发展态势分析。按照资源紧缺型、资源优势型、技术制约型 3 个分类分别论述，3 个分类呈现出不同的资源需求特点和技术发展态势。相应地，国家采取的产业链国际科技合作策略也不尽相同，但有一点已达成共识——提高科学技术自主创新能力是破解资源瓶颈和技术壁垒的最有效方式。

第 4 章是政策性建议。围绕全球政治环境、资源供应短缺、国内支撑配套体系建设提出部分政策性建议，突出国家部委在国家创新引领体系中的关键核心作用，为未来金属矿产领域持续深化国际科技合作打好基础性条件。

本书的最终成稿得到了相关领域部分专家的殷切指导，在本书编写过程中，蒋少涌教授参与指导确定研究内容和框架结构，章伟副教授、洪水峰副教授、苏慧敏副教授为本书部分章节的编写提供了基础性资料，成金华教授、吴巧生教授为本书结论部分提出了修改建议，还有一些研究生也参与了前期资料准备工作。笔者在此一并对他们表示感谢，对他们的敬业精神表示由衷的赞美和感激。

笔　者

2023 年 6 月

目 录

第1章 我国战略性金属矿产概述与资源安全态势 (1)
 1.1 战略性矿产资源 (1)
 1.2 战略性金属矿产 (3)
 1.3 战略性新兴金属矿产资源安全的态势分析 (9)
 1.4 研究的金属矿产分类 (14)

第2章 金属矿产的国际科技合作现状与渠道 (16)
 2.1 分析数据来源说明 (16)
 2.2 金属矿产国际科技合作总体现状 (17)
 2.3 金属矿产领域国家部委的国际科技合作现状 (21)
 2.4 金属矿产领域科研院所的国际科技合作现状 (24)
 2.5 金属矿产领域矿业企业国际科技合作现状 (27)
 2.6 未来我国金属矿产全球资源来源地区分析 (34)

第3章 金属矿产的应用需求及产业链关键技术梳理 (38)
 3.1 资源紧缺型战略性金属矿产 (38)
 3.2 资源优势型战略性金属矿产 (70)
 3.3 技术制约型战略性金属矿产 (92)
 3.4 未来金属矿产采矿技术的发展趋势 (106)
 3.5 未来与金属矿产相关的新材料技术发展趋势 (108)

第4章 战略性金属矿产国际科技合作对策建议 (110)
 4.1 战略性金属矿产国际科技合作现状综述 (111)
 4.2 战略性金属矿产国际科技合作需求综述 (112)
 4.3 金属矿产国际科技合作需重点关注的几个问题 (113)
 4.4 发挥国家部委在金属矿产国际科技合作中的主体引领作用 (114)
 4.5 我国优化金属矿产产业链的3个五年目标 (117)

主要参考文献 (118)

第1章 我国战略性金属矿产概述与资源安全态势

每个国家的经济发展都离不开金属矿产,但金属矿产在全球的分布极不均匀,世界各国科技水平的不同决定了金属矿产的战略性层级也不相同。我国结合自身的科技实力,提出了适应自身产业发展的金属矿产资源战略保障和储备方案。我国战略性金属矿产的内涵是不断变化的,不同时期的概念限定并不一致,既有重合的部分,也有不重合的部分,但无论如何限定,都与社会发展特定阶段的科学技术水平高度相关,也与不同历史时期对金属矿产开发的理念有关。

本章主要对我国战略性金属矿产等概念的提出背景与含义进行简要的介绍,并对本书重点关注的金属矿产资源种类进行界定。

1.1 战略性矿产资源

1.1.1 战略性矿产的概念内涵

我国矿产资源总量大,人均少,资源基础相对薄弱。战略性矿产对国家经济、社会发展、国防安全的重要性不言而喻,在可持续发展的国家战略问题中占据核心地位。陈毓川(2002)给战略性矿产下的定义比较全面和系统,主要从国防和经济两个层面出发,明确了战略性矿产资源是在国民经济、社会发展和国防安全中拥有不可或缺的地位的矿产,同时,这些战略性矿产不仅能够对国际市场产生重要影响力,而且从资源稀缺性上来讲,仅仅依赖国内市场无法获得充分资源保障。

《全国矿产资源规划(2016—2020年)》指出,为保障国家经济安全、国防安全和战略性新兴产业发展需求,将石油、天然气、煤炭、稀土、晶质石墨等24种矿产列入战略性矿产目录,作为矿产资源宏观调控和监督管理的重点对象,并在资源配置、财政投入、重大项目、矿业用地等方面加强引导和差别化管理,提高资源的安全供应能力和开发利用水平。

由此来看,战略性矿产资源概念的提出是应时而需,首先,是对涉及的矿产资源的保护需要,因为这些资源是有限的;其次,是对矿产资源持续开发和有效利用的需要,技术的进步可以为此提供充分保障;第三,是对资源安全保障的需要,这里包含国家经济安全和国防安全两个层面,包含矿产资源在内的基础资源保障是前述所有工作的基本出发点,对任何国家都一样;第四,战略性新兴产业体系建设的需要,中国的产业创新体系升级离不开科学、合理地开发和利用矿产资源,而这需要严谨的制度体系建设加以保障,这些制度体系是多方面和全方位的,主要包括科学的战略规划,涉及经济、技术和生态的科学评价,建立战略性矿产资源的目录以增强资源消耗态势分析并建立预警机制,利用现代科技创新技术提高信息共享机制等(汪灵,2019;陈正国等,2021),才能有效提升国家科技创新能力,保障新兴产业的发展和进步。

1.1.2 战略性矿产的确定原则

不同国家或地区的经济发展阶段、资源禀赋、科技水平以及地缘政治环境等都存在差异。因此,战略性矿产的确定应遵循以下3个原则:第一,重要性。必须对经济社会具有重要作用,或者对国防军工和新兴产业发展起关键作用。第二,供应风险。供应地政治局势、运输通道、市场等因素存在一定供应风险。第三,不可替代性。在现有科技水平条件下,无法被其他矿产完全或者部分替代。

1.1.3 战略性矿产目录

战略性矿产从矿产类型上包括战略性能源矿产、战略性金属矿产和战略性非金属矿产三大类(汪灵,2019;陈正国等,2021)。《全国矿产资源规划(2016—2020年)》中列出的24种战略性矿产(表1-1)中(李晓宇,2019),6种是能源矿产,14种是金属矿产,4种是非金属矿产。

表1-1 战略性矿产目录

矿产类型	战略性矿产
能源矿产(6种)	石油、天然气、页岩气、煤炭、煤层气、铀
金属矿产(14种)	铁、铬、铜、铝、金、镍、钨、锡、钼、锑、钴、锂、稀土、锆
非金属矿产(4种)	磷、钾盐、晶质石墨、萤石

资料来源:据彭齐鸣(2017)、李晓宇(2019)、卢兆群等(2016)相关资料整理。

2021年,根据国家资源保障形势和战略产业发展的需要,我国增加并调整后的战略性矿产新目录中种数为36种(表1-2)。

表1-2 战略性矿产新目录

矿产类型	战略性矿产
能源矿产(5种)	石油、天然气、页岩气、煤层气、铀
金属矿产(15种)	铁、锰、铜、铝、金、铬、锂、镍、钴、锆、铪、铌、钽、铍、铼
非金属矿产(2种)	钾盐、硼
优势矿产(14种)	煤炭、钨、钼、锡、锑、钒、钛、稀土、铟、锗、镓、晶质石墨、萤石、磷

资料来源:据《中国矿产资源报告》(2021)、李晓宇(2019)、卢兆群等(2016)相关资料整理。

从表1-2可以看出,能源矿产、金属矿产和非金属矿产目录做了微调,增加的12种矿产全部是与国家战略性新兴产业相关的金属矿产。由于笔者的关注重点是金属矿产,因此,我们仅研究金属矿产的战略需求,后面我们将忽略能源矿产与非金属矿产,专门针对战略性金属矿产进行研究。

1.2 战略性金属矿产

1.2.1 主要的金属矿产

金属矿产在国家产业体系中的作用是独一无二的。一般认为,金属矿产总计40种。其中,黑色金属矿产5种,有色金属矿产13种,贵金属矿产3种,稀有、稀散及稀土矿产19种(表1-3)。可以看出,每种金属矿产都在不同产业中发挥着重要的作用。

表1-3 金属矿产目录及其主要产业用途

序号	品种	主要应用产业	序号	品种	主要应用产业
1	铁	多种行业	21	银	电子材料、感光材料及饰品
2	锰	炼钢、生产合金钢	22	锂	锂电池
3	铬	不锈钢	23	铍	航空航天、国防、电子等
4	钒	炼钢、生产合金钢	24	铌	高强度低合金钢及碳素钢
5	钛	涂料、钛材	25	钽	钽电容器
6	铜	电力、交通、电子等	26	锆	新兴陶瓷材料、原子能工业
7	铅	铅酸蓄电池	27	铪	原子能工业
8	锌	镀锌板	28	锶	军用、新兴产业等
9	铝	汽车、包装、建筑业	29	铷	电子器件、分光光度计等
10	镍	不锈钢、高镍合金钢制造	30	铯	与铷类似,高能固体燃料
11	镁	镁铝合金	31	稀土	多种新兴产业,应用广泛
12	钨	高温合金、钨钢	32	钪	核反应堆材料、钪钠灯制造
13	钴	电池、高温合金、硬质合金	33	镓	新型半导体材料、夜视仪
14	锡	镀锡	34	锗	红外光学镜片、太阳能电池
15	钼	钼钢	35	铟	IPO靶材
16	汞	基本停止使用	36	铊	制造老鼠药等
17	锑	阻燃剂等	37	镉	镍镉电池生产,逐渐被替代
18	铋	低温合金、药用	38	铼	航空发动机涡轮叶片
19	铂族	汽车催化剂、电子和首饰	39	硒	玻璃着色剂
20	金	国家硬通货储备及首饰	40	碲	太阳能

资料来源:根据前瞻产业研究院数据整理(网址:https://www.djyanbao.com/category)。

由于汞有剧毒,目前已基本停止使用;铊仅用于制造灭鼠药,用量小且有剧毒,也要排除。因此,从大类上看,国家产业发展需要的金属矿产主要有 38 种。

如果把 38 种金属矿产的一般应用产业按经济属性划分,那么金属矿产的应用领域主要可以分为三大类:一般经济建设金属矿产、战略性新兴产业金属矿产、国防军工产业金属矿产,其中,铁、锰、铬、铜、铝、铅等大宗金属矿产主要应用于民用经济领域;钛、钨、锡、锑、钴、铂族、稀土、铌、钽、锂、锆、锶、铯、锗、镓、铟、铼等三稀(稀有、稀土、稀散金属,简称三稀)金属矿产主要应用于战略性新兴产业;铀、钨、钛、锑、钴、稀土、铌、钽、铍、锆、锶、铯、铼等三稀金属矿产主要应用于国防军工领域。因为战略性新兴产业矿产和国防军工领域矿产都与三稀矿产有关,矿产重合度较高,且分类线条过于粗放。显然,这种按照经济属性分类的方式不利于对产业链条的分析,因此,后面笔者将按照产业领域对金属矿产的需求趋势进行分析。

1.2.2 战略性新兴产业

从经济发展全局和社会的长远发展来看,战略性新兴产业在国家产业规划中有着重要的引领性地位。按照国家的发展要求,战略性新兴产业是以国家重大战略发展需求为目标的行业和领域,这些行业和领域以努力实现颠覆性技术突破为目的,它们一般具有显著的知识技术密集、物质资源消耗少、成长潜力大、综合效益好等特点(汪灵,2019;陈正国等,2021)。

按照以上特点来理解,战略性新兴产业必须包含 4 个要素:一是面向未来具有前瞻性,其中,前瞻性是指必须面向未来重点布局国家的产业发展方向,能够有效促进社会和经济进步。二是具有技术突破的颠覆性,其中,颠覆性是指这些产业必须能够具备对现有技术瓶颈的突破能力和实力,能够引领未来社会发展的方向。三是与传统的产业之间具有鲜明的界限,这些产业的发展主要依赖的是知识和技术生产力,对物质资源的需求量较少,产业利润率高、成长空间巨大,具备优良的社会效益和经济效益。四是必须与国家的发展方向一致,能够受到政府充分的政策和资金支持,包括政策引导、人才配套和经费支撑等(汪灵,2019;陈正国等,2021)。

笔者确定战略性新兴产业的依据主要有 3 个:①国家 2016 年印发的《"十三五"国家战略性新兴产业发展规划》(汪灵,2019;陈正国等,2021;赵锋,2022;曹艳等,2022)中指出,战略性新兴产业是指新一代信息技术、高端装备、新材料、生物、新能源汽车、新能源、节能环保、数字创意等。②《中国制造 2025》指出了国家十大战略性新兴产业,即新一代信息技术、高端装备制造、生物技术与医疗器械、新能源、节能环保、新材料和新能源汽车等产业(赵锋,2022;曹艳等,2022)。③2021 年 3 月,国务院发布的《中华人民共和国国民经济和社会发展第十四个五年规划和 2035 年远景目标纲要》中明确指出,聚焦新一代信息技术、生物技术、新能源、新材料、高端装备、新能源汽车、绿色环保,以及航空航天、海洋装备等战略性新兴产业,加快关键核心技术创新应用,增强要素保障能力,培育壮大产业发展新动能。以上这些产业几乎能够代表全球新一轮科技革命和产业变革的方向,按照我国的发展阶段,这些产业同时也应该是推动我国产业结构升级和获取未来竞争新优势的关键领域。

综上所述，战略性新兴产业中的高档数控机床和机器人、航空航天装备、海洋工程装备及高技术船舶、先进轨道交通装备、电力装备、农机装备六大类都是与装备制造相关的，生物医药及高性能医疗器械与矿产资源有关的基本上也属于装备制造产业（陈正国等，2021；赵锋，2022；史翰征，2022），因此这七大类战略性新兴产业涉及的金属矿产在资源种类上基本相同，如果将这七大类统称为高端装备制造产业，国家战略性新兴产业主要可以分为新一代信息技术产业、高端装备制造产业、新能源与新能源汽车产业、新材料产业4个产业，笔者将围绕这四大产业重点研究金属矿产的现状及需求。

1.2.3 战略性新兴产业所需的金属矿产

战略性新兴金属矿产是近年来提出的概念，是与战略性金属矿产一脉相承的概念，区别是在原来概念的基础上增加了新兴产业的内涵。战略性新兴金属矿产具有如下几个显著特征：第一，它们是发展战略性新兴产业必不可缺的重要金属原料。第二，这些金属矿产的高端应用开发仍在探索过程中，目前的消费领域主要集中在战略性新兴产业领域。第三，因为科技发展水平的限制，这些金属矿产在新兴产业中的应用暂时无法被其他材料代替，等等。近年来，我国逐渐开展了战略性新兴金属矿产的研究和开发。

国家战略性新兴产业所需矿产主要集中在三稀金属矿产领域，同时也包括部分大宗矿产，如铁、铜、铝等（表1-4）。按金属属性来分，主要有大宗常用金属和三稀金属两大类。从我国战略性新兴产业发展的角度来看，部分三稀金属的稀缺性决定了我们对新一代信息技术等战略性新兴产业这些重点战略领域所需矿产资源的重视不能仅仅关注其属性，更重要的是要立足资源安全和开发技术，按照金属矿产的稀缺程度，明确这些矿产在国家战略性新兴产业方面的影响趋势、程度和需求。

表1-4 我国战略性新兴产业所需金属矿产品种

序号	战略性新兴产业		对应的金属矿产
1	新一代信息技术产业		锂、铍、镁、铒、镱、铟等
2	高端装备制造产业	高档数控机床和机器人	镁、钴、铁、钐、钕等
		航空航天装备	钛、铝、锂、铍、钴、铼、钪、锆、镁、钕、钽、铁等
		海洋工程装备及高技术船舶	钛、铁、铝等
		先进轨道交通装备	钐、铝、镁、钴、钕、铁等
		电力装备	铜、钐、铝、硅、铁、钴、钕等
		农机装备	镍、硅、镉、锰、钼、铁等
		生物医药及高性能医疗器械	锂、钴、锰、镍、硅、铝、铁、铍、铟、钪、镁、镧等
3	新能源与新能源汽车产业		锂、钛、铕、镍、锌、铍、钴、铝、镁、钆、铽、钬、锗、镱、铈、铪、铌、钽、铼、镧等
4	新材料产业		镁、钛、铝、硅、锆、铋、钇、钴、铅等

资料来源：根据前瞻产业研究院数据整理（网址：https://www.djyanbao.com/category）。

其中,锂、铍、铌、钽、铷、铯、锆、铪 8 种是稀有金属,是原子能、航空航天、半导体、特种和耐热合金、新能源汽车等方面的关键原材料。尤其锂作为新能源金属,在高能锂电池、电动汽车方面具有储能功能。

镓、锗、铟、镉、碲、硒、铼 7 种是稀散金属,这些稀散金属在地壳中丰度很低,很难形成独立矿床。随着高新科技产业的快速发展,稀散金属及其化合物逐渐成为当今光电、热电、计算机、数字通信、航天航空、冶金、精准制导武器制造,以及新能源、农业、医药、医疗等领域不可缺少的支撑原材料。

钴、铂族元素、铬、金 4 种是稀贵金属。其中,由于钴具有的优良性能,在高新技术领域的一些合金材料制造离不开钴金属,例如:耐高温合金、硬质合金、磁性合金等制造领域以及各类含钴化合物的制备等。因此,在国防科技、原子能制造、航空航天、电子等高科技工业领域,都需要大量的钴合金特殊材料(李晓宇,2019)。随着中国大力发展新能源汽车以及储能技术的发展,全球对钴的需求还将急剧上升,目前中国对钴金属的消费量已经达到全球第一,但95%以上依赖进口,这造成钴的价格成倍地增长,因此钴成为我国紧缺的关键金属之一。

稀土是一组金属的简称,包含镧、铈、镨、钕、钷、钐、铕、钆 8 种轻稀土元素和钇、铽、镝、钬、铒、铥、镱、镥、钪 9 种重稀土元素,共 17 种元素。稀土金属是十分宝贵的战略资源,有"工业味精""新材料之母"之称,在航空航天、特种材料以及新能源等未来发展潜力巨大的领域应用非常广泛。其中,相比较而言,重稀土因为被广泛应用于航天和军工产业又成为更加重要的战略资源。

同时,稀土、锂、铋、钛等金属矿产除了被广泛应用于信息技术、高档数控机床和机器人、航空航天等重点领域,在纳米材料及增材制造等前沿新材料中也是必不可少的。增材制造俗称 3D 打印,目前主要的打印材料包括高分子材料、金属材料和陶瓷材料 3 种。陶瓷方面则需要对氧化铝、氧化锆等粉末、片材料进行研究,得出制备方法。此外,超导材料对金属的需求也是未来发展的前沿方向,高温超导材料主要包括钇系、铋系、铊系和汞系以及 2001 年发现的新导体二硼化镁,其中最有价值的是铋系、钇系和二硼化镁。

1.2.4　国家基础产业(基建、冶金)需要的战略性金属矿产

《中国制造 2025》明确的国家战略性新兴产业并不包含传统的基础设施建设领域。陈其慎等(2015)曾经推演过发达国家的产业递进路径,他们认为产业发展基本上遵循这样的演进序列:建筑→冶金→家电→机械设计→化工与汽车→电力→电子→航天军工,新材料、新能源汽车以及新一代信息技术等其他新兴产业。我国的产业发展也遵循这种递进趋势,目前我国仍然处在工业化进程的中期阶段,基础设施建设作为推动其他产业升级和转型的基础,目前仍然没有完成,与基础设施建设领域高度相关的传统大宗矿产(铁、锰、铜、铝等)对我国打造中国经济升级版,推动经济结构和产业结构升级与转型仍是不可或缺的,在较长一段时期内仍将保持其战略地位。

因此,除了前面已经介绍的四大战略性新兴产业需要的金属矿产,笔者还将研究基础建设产业需要的金属矿产,主要是大宗金属矿产,即笔者的研究对象共包括 5 种产业所需的金属矿产。

1.2.5 金属矿产在国家战略性产业的产业链中的作用

国家战略性产业的布局体现的是金属矿产开发和利用技术的发展,对金属矿产的技术需求分析离不开产业链分析,同一种金属矿产可能在多个战略性新兴产业中发挥作用,也可能在同一个产业链的多个阶段发挥作用,起决定作用的是技术水平,但大部分金属矿产作为产业链的原材料,处在国家战略性产业的上游部分,且在产业上游部分发挥着不可替代的关键作用。也有部分金属矿产的作用会延伸到产业的下游,例如:新能源汽车产业下游的充电桩涉及铜,高端装备制造产业中游的机械零部件涉及多种金属矿产等。

按照前面对战略性新兴产业的分类,可以将各产业的产业链全景进行归纳(表1-5),其中,每一个产业的上游都对应于不同的金属矿产,因此,国家战略性产业的发展离不开金属矿产原材料的支撑作用,更离不开对金属矿产的技术开发和利用。

中华人民共和国工业和信息化部(简称工信部)、中华人民共和国国家发展和改革委员会(简称发改委)、中华人民共和国科学技术部(简称科技部)、中华人民共和国财政部(简称财政部)等部门于2017年联合印发《新材料产业发展指南》,指出了今后国家发展与矿产有关的新材料产业三大方向:先进基础材料、关键战略材料和前沿新材料。其中,先进基础材料涉及的关键金属材料有高性能海工用钢、高强铝合金、高强钛合金和镁合金等;关键战略材料涉及的关键金属材料有耐高温及耐腐蚀合金、高强轻型合金、高性能永磁稀土功能材料、高效发光稀土功能材料、高端催化稀土功能材料、新型显示和能源材料等;前沿新材料涉及的关键金属材料有金属基高分子增材制造材料、形状记忆合金、液态金属等。所有这些需求同样离不开技术的进步。

表1-5 国家战略性新兴产业的产业链

产业	产业上游		产业中游		产业下游	
新一代信息技术	一、半导体材料	1.半导体(高纯硅) 2.射频 3.传感器	一、通信网络	8.核心网	一、通信应用	11.5G通信 12.卫星通信 13.室内分布 14.运营商等
					二、技术应用	15.云计算 16.大数据 17.人工智能 18.网络安全 19.区块链等
	二、通信器材	4.无线模块 5.光纤光缆 6.光模块 7.基站天线	二、网规网优解决方案	9.SDN/NFV解决方案 10.网规网优	三、行业应用	20.物联网 21.智慧城市 22.智能终端 23.车联网等

续表 1-5

产业	产业上游		产业中游		产业下游	
高端装备制造（以轨道交通为例）	一、原材料	1.基础材料（钢板、铝材、橡胶等） 2.防水材料 3.减震材料 4.绝缘材料 5.弹性元件等	一、机械零配件	9.车体 10.刹车片 11.转向架 12.车轮车轴 13.车内设备 14.其他配件	一、车辆运营	26.综合联调及试运营 27.行车管理培训 28.车辆调度系统 29.指挥系统
	二、装备设计	6.结构设计 7.功能设计 8.其他设计	二、机电设备及系统	15.牵引系统 16.供电系统 17.防护系统 18.通信系统 19.制动系统 20.控制系统 21.驾驶系统等	二、安全检测与维护	30.安全检测 31.维修管理 32.应急管理
			三、整车制造	22.铁路客车 23.地铁 24.有轨电车 25.轻轨车		
新能源与新能源汽车	一、关键原材料	1.锂矿 2.镍矿 3.钴矿 4.锰矿 5.稀土 6.石墨 7.六氟磷酸锂 8.铁矿 9.硅粉 10.碳化硅 11.聚乙烯等	一、乘用车	18.私家车 19.公务车	一、充电服务	31.充电设备 32.换电设备 33.电池回收
			二、商用车	20.客车 21.货车		
	二、核心零部件	12.电池 13.电机（永磁材料、硅钢片） 14.电控（芯片） 15.车身及附件 16.底盘 17.汽车电子	三、专用车	22.环卫车 23.工程车 24.餐车 25.电源车 26.售货车 27.检测车 28.教练车 29.服务车 30.物流车	二、后市场服务	34.汽车金融 35.汽车保险 36.汽车租赁 37.二手车交易 38.汽车维修养护 39.汽车拆解回收

续表 1-5

产业	产业上游	产业中游		产业下游
新材料	一、原材料 1.钢铁 2.化工 3.电子 4.电力 5.有色金属	一、环保研发及制造	6.环保产品设计 7.环保技术研发	一、主要客户 15.钢铁 16.市政 17.电力 18.冶金 19.水泥 20.化工
		二、环保工程建设	8.环保项目分包 9.环保工程承包 10.第三方服务（咨询、检测、认证等）	
		三、环保基础设施运营	11.环保工程托管 12.环保项目运营 13.第三方投资 14.环保产品与服务	

资料来源：根据前瞻产业研究院数据整理（网址：https://www.djyanbao.com/category）。

1.3 战略性新兴金属矿产资源安全的态势分析

汪灵（2019）指出，战略性新兴金属矿产是一个动态概念，在不同国家、不同时段、不同场合会给出不同界定。但一般来说，被认定为战略性金属矿产的矿产资源往往是影响或制约一个国家经济发展的紧缺矿种或者优势矿种，通常也被形象地描述成"被别人卡脖子"或"卡别人脖子"两种状况。战略性新兴金属矿产作为全球高新技术产业发展的关键性原材料，将成为未来各国占领科技制高点的关键。

1.3.1 全球主要经济体对战略性新兴金属矿产的竞争

2019年美国商务部发布《确保关键矿物安全可靠供应的联邦战略》，提出美国严重依赖外国关键矿产资源和外国供应链，建议美国政府采取关键矿产供应链转型、加强与盟国合作、减少国内矿产资源开发审批限制、促进关键矿物生产等措施。2020年9月30日，美国总统特朗普签署了《解决依赖外国关键矿物对国内供应链构成威胁的行政命令》，宣布国家进入"紧急状态"，拟在国家层面针对关键矿产进行更为全面、细致、激进的政策布局，这是美国政府就关键金属矿产供应链发出的强烈信号。总体来看，该总统令对战略性矿产的关注点集中在以下3点：①明确将中国优势矿产资源列为重点关注对象，指出要把稀土列为重点关注对象，要求大力防范外国政府（中国）引发的美国资源供应中断风险。②关键矿产清单范围更为全面，监测范围并不局限于原生矿产,还包括尾矿及生产、回收废品和煤炭废料中关键矿产的探测与提取,关键矿产产业链由开采向冶炼、分离、制造、消费和回收等全生命周期过程延伸(吴巧生等,2020),并要求根据实际情况定期更新清单。③从"国家安全"的高度看待关键矿产的对外依赖程度。美国政府紧急动用法律赋予总统的权力,在关键矿产供应链政策上进行限制,力求从资金支持、法律保障、环保要求、贸易运输、研究与开发等方面全面宏观调控,努力维护关键矿产产业链的供给安全,试图从对外依赖程度上完全消除"国家安全"隐患(吴巧生等,2020)。

2019年,美国政府共列出35种关键矿产,在这份清单中,约有20种矿产需要从中国进口,占全部关键矿产种类的57%以上。其他矿产则需要从其他国家进口,如需要从俄罗斯进口5种矿产。此外,美国35种关键矿产中,有14种完全依赖从其他国家进口,其中,完全依赖从中国进口的就有8种,钪的进口依赖度最高,为100%,其次是稀土和铋,对中国的进口依赖度分别为78%和74%。因此,总统令一方面体现了美国全力确保关键矿产稳定供给的决心,另一方面是确保美国在关键矿产供应链上的"国家安全"(汪灵,2019)。这凸显出美国政府愿意重新审视关键矿产资源保障和环境保护二者之间的关系,因此在关键矿产勘查、开发、利用上进行重大政策调整以适应其国内的整体战略需要,按照汪灵(2019)的说法,这些重大政策调整主要包括:第一,加强地质填图。第二,修订矿产规划流程。第三,优先考虑矿产勘查的准入。第四,缩短矿产勘查的审批时间。

2021年3月,美国、日本、澳大利亚和印度进行的"四方安全对话",联手建立稀土采购链,意在减少对中国稀土的依赖,并试图通过在稀土领域的合作来对抗中国。四国组建的"稀土联盟"会专注于研发低成本、放射性废料低排放的精炼技术,还计划让政府所属的金融机构给相关产业的企业提供贷款并加大支持力度,同时打算带头起草相关国际规则,需要指出的是,四国将在资金方面支持中国以外国家的稀土产业。

2014年,欧盟在《关键性原材料清单》中,将铬、锑、铍、钴、萤石、镓、锗、铟等20种资源列为关键性原材料,并建议欧盟各国采取各种必要手段保障这些资源的稳定供应。此外,欧盟成立了"确定关键原料特别工作小组",研究确立欧盟关键矿产的评价方法和划分标准。根据经济重要性、供应风险两个评价原则,欧盟确定并发布了2017年版本的27种关键矿产目录清单(余韵,2019;陈甲斌和余良晖,2020)。2018年,欧盟委员会发布《欧盟原材料2050愿景与科技和创新路线图》,进一步明确了关键金属矿产对欧盟制造业的战略重要性。

日本和韩国是传统的高新技术制造业大国,其镓、铟等多种战略性新兴产业矿产消费量占全球比例在60%以上,为保证本国产业的竞争地位,它们非常重视这些资源。此外,在科技发展日新月异的背景下,印度、东盟以及俄罗斯、巴西等其他经济体未来也存在着走跨越式发展之路、大力发展高新技术产业的趋势,同样也会对与新兴产业相关的金属矿产产生强烈的兴趣。

因此,未来战略性新兴矿产将成为全球资源竞争的焦点。战略性新兴产业涉及的矿产资源在各国大力扶持和发展下,需求量将逐年增加,大部分将处于供不应求的局面,未来将存在巨大的需求缺口。随着中国进行经济转型,大力发展战略性新兴产业,这类资源需求上升是必然趋势。

1.3.2 我国对战略性金属矿产的总体需求态势

全球金属矿产主要分布在中国、俄罗斯、南美洲、大洋洲和非洲等国家和地区。其中,中国多种资源的未来开发潜力增长有限,而南美洲、大洋洲和非洲地区仍有一定的勘查开发潜力。未来,一方面,印度和东盟的工业化发展将会带动铁、铜等重要金属矿产的资源需求;另一方面,非洲本身经济发展和基础设施建设的需求也较大,因此非洲地区的资源有望大幅开发利用。

从资源分布来看,中国拥有全球战略性新兴产业所需的绝大部分金属矿产,未来,全球新能源汽车等产业的快速发展,将极大地拉动锂、钴、铟、锗、镓等资源的需求,这类资源将成为未来的勘查开发热点。中国可以有效利用本国的资源优势,通过技术创新和产业升级,将资源优势转化为产品优势和市场优势,进而转化为经济效益。

根据相关研究成果,未来10~20年,将是这些矿种需求的爆发期。战略性新兴产业矿种的需求国家主要为欧洲、美国、日本等科技发达的国家和地区。未来,随着战略性新兴产业的发展,各国对战略性新兴产业矿种的竞争将更加激烈。

1.3.2.1 战略性大宗金属矿产的需求趋势

中国金属矿产资源需求存在分异态势:第一,铜、铝、锌、铅等大宗金属矿产短期内仍会维持高位需求状态,至少2025年以前仍然会需求看涨(图1-1);第二,铍、锂、稀土等新兴金属矿产的需求将伴随科学技术的突飞猛进保持长期的持续增长态势(图1-2)。因此,在可预见的未来20年内,中国对金属矿产资源的需求总量仍将维持在高位,在保持总量增长的前提下,需求增速有可能会逐步降低。

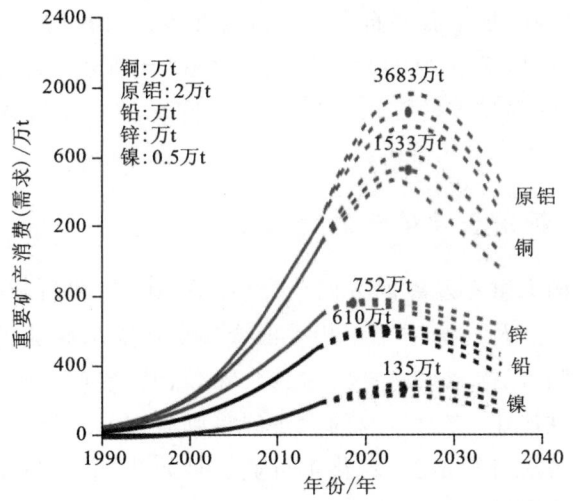

图 1-1 大宗金属矿产需求增长趋势

(据王安建和高芯蕊,2020。虚线代表预测值,实线代表实际值)

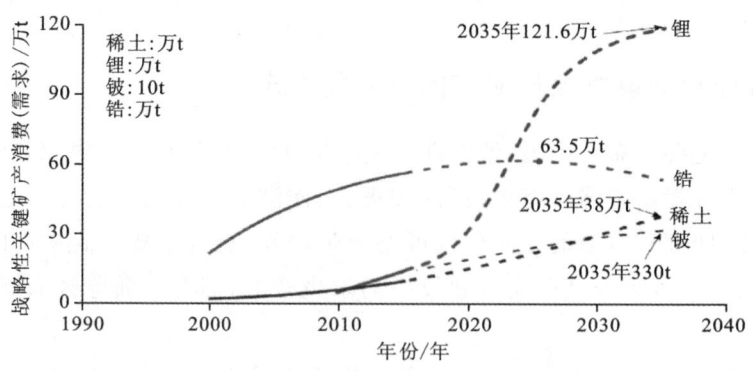

图 1-2 新兴金属矿产需求增长趋势

(据王安建和高芯蕊,2020。虚线代表预测值,实线代表实际值)

目前,中国在基础设施建设方面的需求仍较大,金属矿产行业的初级冶炼加工技术较为成熟,但客观上说,由于存在过饱和现象,中国的金属冶炼加工产业或多或少地存在产能过剩、利润率下降等问题。有学者认为,按照产业演进的经济规律,未来金属矿产的初级冶炼加工产业将不可避免地要面临产业转移和产业升级的双重压力。因此,未来在国内的产业布局将会逐渐收缩,与这些产业高度相关的金属矿产,如铁、锰、锌等大宗矿产,其国内市场需求也将逐步下降。但是,我国正在积极推进"一带一路"倡议,该倡议着眼于构建全球经济共同体,将带动"一带一路"共建国家的基础产业发展,同时激活国内相关产业的持续升级和转型。因此,尽管从长期来看,大宗金属矿产的需求将随着产业的转型处于下行趋势,但至少在"十四五"期间,国内对这类金属矿产的需求仍将看涨。

2021年2月以来全球铁矿石疯狂涨价,一方面有大国政治博弈的原因,另一方面主要还是受全球新冠疫情导致初级冶炼加工产业"回流"造成的需求积压效应影响。这说明全球还没有完成工业化进程的发展中国家对大宗金属矿产中间产品的需求缺口仍然较大,且这个需求会在较长一段时期内存在,加上我国自身仍然需要维持庞大的基础设施建设工作,因此,笔者判断,我国对包括铁、锰、锌等在内的大宗金属矿产在"十四五"期间仍将维持需求看涨趋势,预计2030年以后,对这类矿产的需求将逐渐趋于下降,这是由我国基础产业的发展规律所决定的。

1.3.2.2 战略性新兴金属矿产的需求趋势

战略性新兴产业是国家重点发展的方向,于汶加等(2015)和吕威(2021)认为,未来中国与新兴产业相关的金属矿产及与国防军工相关的金属矿产需求将会持续增长,如钛、锡、锑、钴、铂族、稀土、铌、钽、锂、铍、锆、锶、铯、锗、镓、铟、铼等金属矿产。除此之外,交通和化工行业是未来中国的两大支柱产业,交通行业的大发展将刺激锂、铅、镁、铂、铑、钯等与交通行业应用相关的金属矿产的需求持续增长,对化工行业也是如此,诸多与化工行业应用相关的金属,如钛、锑等金属矿产的需求也将会持续增长。此外,高新技术产业如计算机、电子信息等快速增长的产业所需的铍、锶、锗、镓、铟等金属矿产需求也将保持稳定增长趋势。

目前,汽车、机械、电子等产业仍然是未来一段时期内中国重点布局的高端制造产业之一,但这些产业的增速预计会逐渐减缓。由于"资源—产业"的演进规律是"雁行式"的(陈其慎等,2015),因此,这些产业发展所必需的铜、镍、铅等金属矿产资源的需求也将呈现出缓慢上升然后逐步下降的趋势。与此相对应的是,高端制造、军工、航空航天以及其他新能源、智能电子、新能源汽车等新兴高端制造产业将成为中国未来新的快速增长产业,因此,与这些产业发展高度相关的金属,如锗、铟、镓、锂、铍、铌、钽等需求将迅猛增长(梁姗姗和杨丹辉,2018)。

需要说明的是,由于中国仍处在工业化的后期,受科技水平和国际国内环境的影响,国家产业结构的布局仍然需要不断地调整和适应,未来快速增长的新兴产业主要包括智能电子、航空航天、高端制造、核能、新能源、新能源汽车以及其他的战略性新兴产业等,这些产业中,哪些产业能够快速发展成为未来中国的支柱产业,主要与科技发展的实力和产业升级的进步程度相关,由于这些情况存在一定程度的不确定性,因此,未来对相应的新兴金属矿产资源的需求也是不确定的。

1.3.3 战略性金属矿产的紧缺程度

受中美贸易战等外部环境恶化的影响,国际矿业市场趋于低迷,国内矿产投入趋于下行,我国矿产资源安全风险日趋增大。通常情况下,矿产的对外依存度被看作衡量某种战略性矿产紧缺程度的指标,对外依存度越高,表明紧缺程度越高。2017年,我国对外依存度超过70%的有铌、铬、镍、钴、锂、锰、铂族7种金属矿产,对外依存度在50%~70%之间的有铀、铜、石油、钽、铁矿石、银、硼7种矿产,对外依存度在40%~50%之间的有铝、钛、锡3种矿产(图1-3)。

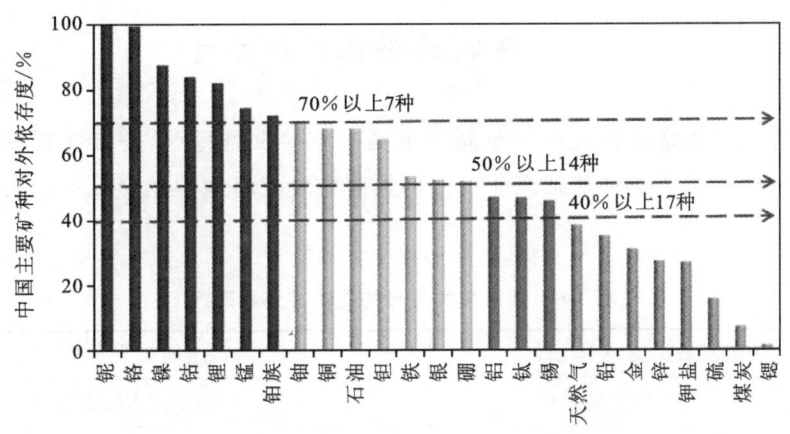

图1-3 2017中国主要矿种对外依存度[据《中国矿产资源报告》(2018)整理]

事实上,对外依存度的高低反映的是金属矿产进口数量占国家全部消耗量的比例高低,进口数量是已经发生的贸易交易量,衡量的是紧缺程度的"过去"方面,而新兴产业的发展是面向未来的,未来随着产业的升级和转型,对外依存度并不能够准确衡量新兴金属矿产未来的紧缺程度。举例来说,因西方国家的持续打压,2021年中国从国外进口锂矿的交易量远远低于2020年,但是国家加大国内市场的开采量,使得2021年国内市场锂矿的消耗量与2020年持平,客观上造成2021年锂矿的对外依存度低于2020年的对外依存度,这能够说明我国锂矿石的紧缺程度降低了吗? 显然不能。因此,必须基于产业未来需求来确定金属矿产的紧缺性,即要结合国内、国外的市场供应和产业需求共同确定金属矿产的战略性级别。

结合国家战略性产业布局和金属矿产供需趋势,按照对产业的重要程度剔除表1-3的38种金属中对产业贡献程度较弱的11种,其他27种可以分为3个战略性级别(图1-4)。

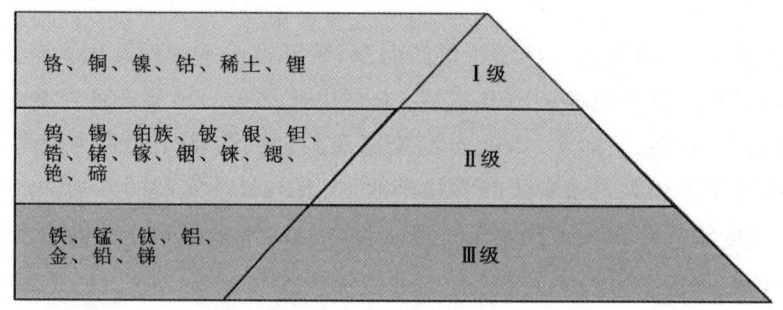

图1-4 重要金属矿产的战略性分级(据陈其慎等,2016)

Ⅰ级战略性金属矿产(6种):铬、铜、镍、钴、稀土、锂。
Ⅱ级战略性金属矿产(14种):钨、锡、铂族、铍、铌、钽、锆、锗、镓、铟、铼、锶、铯、碲。
Ⅲ级战略性金属矿产(7种):铁、锰、钛、铝、金、铅、锑。

其中,Ⅰ级战略性矿产是指重要程度最高或未来供应风险最大的矿产;Ⅱ级战略性矿产是指用量相对较少,但未来国防和战略性新兴产业不可或缺的矿产;Ⅲ级战略性矿产是指经济意义较大,但未来需求趋缓或供应风险相对较低的矿产。

1.4 研究的金属矿产分类

笔者将结合我国战略性新兴产业布局和金属矿产的供需特点,按资源紧缺程度的高低,将国家四大战略性新兴产业和基础产业需要的具有重要战略地位的金属矿产分为3类,如表1-6所示。

表1-6 按紧缺类型分的战略性金属矿产

资源紧缺类型		金属矿产种类
资源紧缺型战略性金属矿产	大宗金属矿产	铁、锰、铜、铝等
	新兴产业金属矿产	锂、镍、钴、铂族、铌、钽、铬、锆、铯、铼、金等
资源优势型战略性金属矿产		稀土、钨、锑、钼、锡、锶、锗、铟、钒
技术制约型战略性金属矿产		铍、铷、钛、镓等

资料来源:根据《中国矿产资源报告》(2021)整理。

第一,资源紧缺型战略性金属矿产。资源紧缺型战略性金属矿产主要有大宗金属矿产和新兴产业金属矿产两大类,主要以国家金属矿产已探明储量作为参考依据。大宗金属矿产主要包括铁、铜、铝、锰等,这些金属矿产与国民经济基础建设高度相关,市场供应也比较紧缺。新兴产业金属矿产主要包括锂、镍、钴、铂族、铌、钽、铬、锆等。

第二、资源优势型战略性金属矿产。这类金属矿产主要包括我国具有资源优势且能够调控国际市场的金属矿产,称为中国优势战略性金属矿产,如稀土、铟、锗、钨、锡等。

第三,技术制约型战略性金属矿产。这类金属矿产尽管也是我国的资源优势矿产,但在勘探和采选冶等技术上受制于人的情况更多一些,包括铍、铷、钛、镓等。

笔者在后面的章节将围绕这三大类进行介绍,对其国际合作现状、相关产业需求及合作路径进行分析和论证。

第 2 章　金属矿产的国际科技合作现状与渠道

国内与矿产资源相关的国际科技合作主体主要分为 3 类：政府机构及其下属事业单位、科研院所及大学、矿业企业。这 3 类主体对外科技合作工作彼此之间有关联，但合作的模式和方式不同，因此，要摸清矿产资源领域国际科技合作现状的"家底"，有必要按照 3 类主体分开进行论述。

2.1　分析数据来源说明

政府机构及其下属事业单位主要包括国家行政主管部门科学技术部、工业和信息化部、自然资源部、商务部、国家自然科学基金委员会、中国地质调查局及地方地质调查中心等单位。科研院所及大学主要包括中国科学院及其相关研究所，与矿业相关的教育部直属高校、地方高校等单位。矿业企业主要包括国内大型国营矿业企业、与战略性新兴产业相关的民营企业等。诸如中国有色金属工业协会、中国矿业联合会等组织主要发挥的是为行业服务和支撑的作用，其涉外业务工作也是矿产资源国际科技合作的重要渠道之一，但由于这些协会团体更多的是为企业具体业务服务的，我们将他们对外科技合作的活动归并到矿业企业这个主体中，相应地，一些大型国有企业下属研究院对外科技合作的活动也归并到矿业企业主体中。

笔者对三大主体国际科技合作现状的信息主要通过网站公开资料进行收集和整理，以 2018—2020 年期间的为主，同时将 2021 年的资料也纳入了分析范畴，但主要做战略需求对比分析。如国家国际科技合作专项网站、国家自然科学基金委员会网站、中国地质调查局网站、各相关高校国际合作网站、紫金矿业集团股份有限公司网站，以及中国有色金属工业协会网站等，结合国家发布的科技计划和报告，如《中国制造 2025》、党的十九大报告、2021 年全国两会报告等，进行归类汇总分析。通过这些公开渠道，共搜集整理了 615 条与矿产资源有关的国际科技合作信息，按中方单位、中方单位类型、合作项目名称、合作具体内容、合作矿种、合作领域、合作年份、外方单位、外方国别、外方所属洲十大类提取信息点，便于汇总分析，如无特别说明，本章后续图示资源均来源于此。

2.2 金属矿产国际科技合作总体现状

2.2.1 合作矿种现状分析

根据 2018—2020 年有关矿产资源的 615 项国际科技合作信息，我国矿产资源领域对外国际科技合作几乎涉及全部 38 种金属矿产，按照单矿种合作项目数量多寡条件来筛选，具有明确合作指向矿种的项目数量并不太多，更多的合作信息是全方位合作，例如：为了解决两国矿产资源领域面临的关键共性技术难题，促进科技创新资源共享与应用成果转化，2018 年 9 月，中国和南非联合成立了"中国-南非矿产资源开发利用联合研究中心"。该中心旨在共享中国和南非两国的科技创新资源，开展矿产资源开发和利用领域的合作研究，通过建立联合研究中心，合作产出一批矿产资源领域的高水平科研成果，并通过高水平科研成果的应用和转化，来推动两国的经济和社会可持续健康发展。但是，像这种合作框架类的国际科技合作在单矿种国际科技合作的分析中并没有统计。

对于有明确指向性矿种的国际科技合作信息，我们进行了汇总和归类，其中，铜、铁、铝等 11 种矿种的合作项目数量较多，图 2-1 显示了 2018—2020 年期间国际科技合作项目数排名前十一的矿种信息。

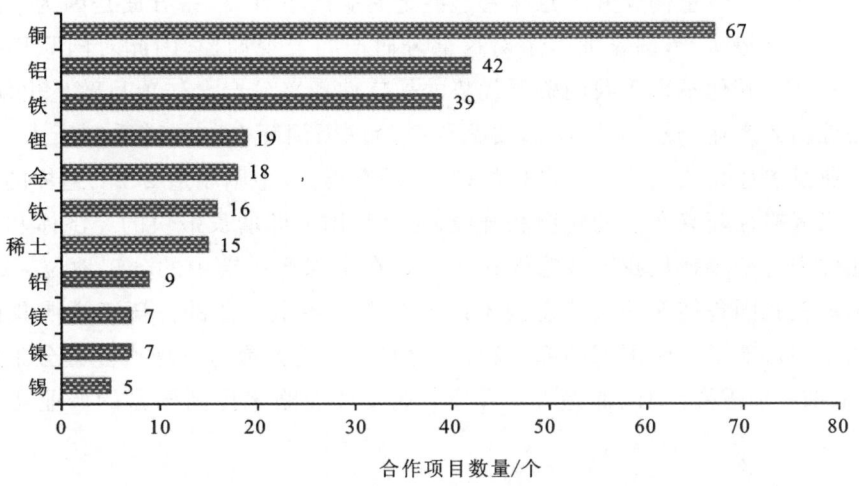

图 2-1　按矿产类别划分的国际科技合作现状

在 615 个合作项目中，排名前三的矿产品种依次为铜、铝、铁。明确指出涉及铜的合作项目为 67 个，占比 10.9%；明确指出涉及铝的合作项目数为 42 个，占比 6.8%；明确指出涉及铁的合作项目数量为 39 个，占比 6.3%。除此之外，锂、钛、稀土、镍等与战略性新兴产业有关的金属矿产合作项目数量也都占有一定的比例。由于其他涉及多矿种的合作并没有计算在内，故以上涉及具体矿种的合作项目数量与真实数量有差距，尽管如此也在一定程度上反映出我国矿产领域对外科技合作的大方向，仍然具有参考价值。

2.2.2 金属矿产产业发展趋势

研究发现,铜、铁、铝等大宗金属矿产在合作项目数量上远超其他金属矿产,这说明大宗金属矿产相比其他金属矿产而言,其国际科技合作的需求更加旺盛,意味着我国矿产资源重点战略领域对外科技合作的重点矿产仍然是大宗金属矿产。这事实上与我国工业化进程所处的阶段有关,也与我国的产业发展阶段是相吻合的。当前,我国仍然处在工业化进程的中后期阶段,与基础设施建设相关的产业发展还不完善,仍然是未来一段时期内国家重点支持和发展的方向,大宗金属矿产仍然是国家产业转型和升级的急需原材料,这部分金属矿产的资源保障供应和战略需求安全仍然是国家安全的重要组成部分,而且这个趋势将至少持续20年时间。2021年以来国际市场以铁矿石为代表的大宗金属矿产价格持续上涨,产生这种情况不能简单地从市场需求的经济角度考虑,实际上要从国际政治关系考虑,那就是意识形态领域针对中国进行博弈带来的经济互相伤害,同时更应该看到中国国家战略智慧的积极面,我们对西方国家集团有选择性地实施"枪打出头鸟"的策略,既把经济伤害最小化,又对其他国家起到有效的威慑作用,长期来看对我国的产业发展是大有好处的。

相比较而言,锂、钛、稀土、镍等与战略性新兴产业有关的金属矿产合作项目数量较少。锂的合作项目数为19个,占比3.1%;钛的合作项目数为16个,占比2.6%;稀土的合作项目数为15个,占比2.4%,其他的金属矿种合作项目数量就更少。总体来看,战略性新兴金属矿产国际科技合作项目数量偏少并不意味着这些金属矿产不重要,一方面是因为个别金属矿产属于我国的资源优势矿产,国家加大了对这部分矿产的宏观调控,因此对国际科技合作的需求受限;另一方面,其他不属于我国资源优势的战略性新兴矿产合作项目数量也偏少,这说明我国的战略性新兴产业仍然不够强大,要么因政治原因国际合作渠道受制于人,要么因技术原因国内产业发展还无法消化更多进口的矿产,需要类似《中国制造2025》这样的国家战略来强力推进国家战略性新兴产业的转型和升级,充分利用全球增长最快的经济体和全球最大的市场主体地位来进一步强化我国战略性新兴产业在全球产业链中的分工地位。2020年以来西方发达国家对我国包括新一代信息技术产业在内的各个产业的打压正说明我国的战略性新兴产业的发展影响了这些国家的部分利益,说明我国过去参与全球产业链分工的战略是非常有效的,未来更加需要《中国制造2025》等产业发展战略来提高国家的产业竞争力和综合国力。

2.2.3 金属矿产合作地域分布

对国际科技合作的地区分布分析重点关注了洲别和国别两个层面。按洲别来看,与欧洲国家的合作数量最多,达到315个,占全部615个的51.7%;与亚洲国家的合作排第二位,达到130个,占比21.3%;与非洲国家的合作排第三位,达到69个,占比11.3%;与北美洲、南美洲、大洋洲国家的合作分别是34个、32个、29个(图2-2)。

图2-2说明,欧洲和亚洲是我国金属矿产国际科技合作的重点地区,我国的政府、企业、科研院所与这两个地区的合作项目从数量上看是相对占多数的。非洲地区国家在金属矿产领域与我国的国际科技合作数量相对较少,北美洲、南美洲、大洋洲3个洲的国家与我国的科

第2章 金属矿产的国际科技合作现状与渠道

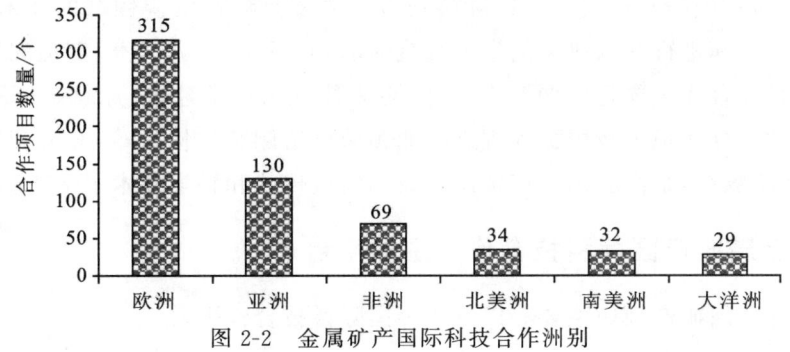

图 2-2　金属矿产国际科技合作洲别

技合作数量就更少一些。具体到国家层面，选择合作项目数量最多的前十三个国家，其中：英国(87个)、俄罗斯(62个)、德国(38个)、瑞典(28个)这4个欧洲国家与我国的合作项目数量更多(图2-3)，排在合作国别的前四名；大洋洲的澳大利亚与我国的合作项目数量为25个；非洲的刚果(金)、北美洲的美国、亚洲的日本与我国的合作项目数量均为18个；非洲的赞比亚合作项目数量为17个；亚洲的韩国和北美洲的加拿大与我国的合作项目数量均为15个；非洲的南非与我国的合作项目数量为11个；南美洲的智利与我国的合作项目数量为10个。

尽管这些数据无法与我国科技界和实业界真实的国际科技合作项目数量对等，但至少可以反映出我国金属矿产领域国际科技合作的一个现状，即与欧洲国家合作的数量和渠道更多，与非洲、南美洲国家合作的数量和渠道更少。

这个国际科技合作现状其实让人有点费解，但如果将合作项目数按照国家部委、科研院所、矿业企业3个主体来划分(图2-4)，会发现，与欧美等发达国家的国际科技合作主要是国内的科研院所来主导的，与英国、俄罗斯、德国、瑞典、美国、日本、韩国等国都是科研院所的合作项目数量占据更大比例，与澳大利亚、赞比亚、加拿大、南非、刚果(金)等国家的国际科技合作主要是由矿业企业来主导的，而这些国家无一例外都是矿产资源较为丰富的国家。

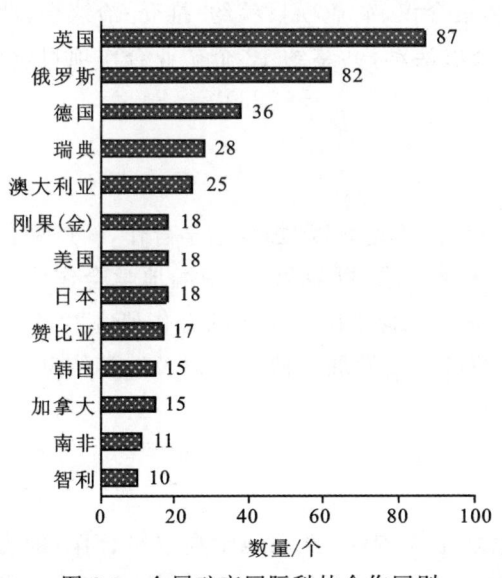

图 2-3　金属矿产国际科技合作国别

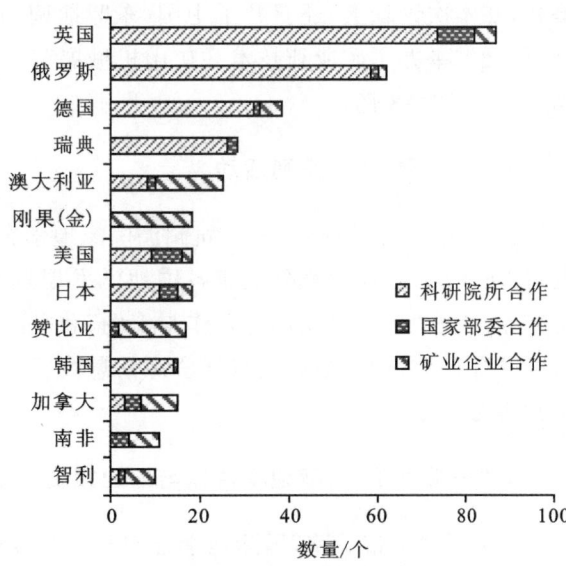

图 2-4　按合作主体分的国际科技合作现状

这意味着,与欧美等发达国家的国际科技合作主要是矿产资源领域的技术合作,更多体现为学习先进技术和进行基础研究的学术交流活动,而跟非洲、大洋洲、南美洲等矿产资源丰富地区的国际科技合作主要是资源开发合作,更多体现为投资建设、原材料开采以及矿产品的深加工等活动。这体现了我国深入推进矿业领域供给侧结构性改革、充分利用"国内、国际两个市场"的战略纵深,是由我国矿产资源行业的发展现状和科学技术水平所决定的。

2.2.4 金属矿产国际科技合作的主要平台

我国目前在金属矿产领域主要有以下4种国际科技合作平台。

1. 中国国际矿业大会

中国国际矿业大会是我国矿产资源领域重要的国际科技合作平台,中国已经连续举办了20多届,通过该平台中国已经与世界上的主要矿业国家建立了合作关系。全球50多个国家和地区均积极响应,几乎每一届大会都能够吸引包括矿业企业、行业协会、金融机构等在内的1000多名代表来华参会。中国国际矿业大会确立的合作主题是"高质量发展,为了全球矿业共同未来",以"一带一路"倡议为合作基础,深入推动国际矿业产能合作。中国国际矿业大会作为中国与世界主要矿业国家沟通的桥梁,已经与世界各国在加强信息共享、人才培养、科学研究、政策引导和支持矿业企业等方面实现了互惠互利、合作共赢。

2. 中国-东盟矿业合作论坛

中国-东盟矿业合作论坛暨推介展示会共召开过12届,最近的一届是2023年召开的。据蒋郭吉玛(2019)统计,2019年的中国-东盟矿业合作论坛由中国自然资源部主办,由广西壮族自治区承办,该论坛以"深化矿业互利合作,促进经济共赢发展"为主题,吸引了来自中国周边的多个国家(如柬埔寨、老挝、缅甸、菲律宾、埃塞俄比亚等)的相关人员出席本次论坛的开幕式,在本次论坛上,还召开了中国-东盟地调局长圆桌会议、矿业项目签约-推介-洽谈会,此外,还相继举办了矿业新技术和矿山机械展览等20余项活动,共签约12个矿业合作项目,合同金额达52.88亿元。

3. "澜湄周"地学系列活动

2020年,中国举办了第二届澜湄国家地学合作论坛。该论坛以"加强地学合作,促进绿色发展"为主题,参加者充分交流各国地学发展现状及未来需求,并签署了《中缅地学合作谅解备忘录》以及"环境地质调查合作与编图"和"钾盐沉积学和地球化学对比的合作研究"2个项目的合作协议,同时举办了自然资源信息共享、水资源可持续发展等研修班以及地学信息、水资源等分论坛。

4. "一带一路"国际地学合作与矿业投资论坛

2019年"一带一路"国际地学合作与矿业投资论坛主要围绕"推动地学高水平合作,助力矿业高质量发展"主题进行研讨,提出了有关倡议。论坛期间举行了"中国-上海合作组织地学合作研究中心武汉学院"揭牌仪式和"上海合作组织地质青年实践交流营"活动(李睿思,2021)。

该论坛已经先后承办了国内培训班和海外培训班,来自亚洲、非洲、拉丁美洲和中东欧的23个国家和地区派员参加培训班,400多名地矿系统的技术人员和政府官员受到专业培训,充分体现了我国在地质调查上的技术优势和矿产管理上的先进水平。依托该论坛,我国政府和矿业企业与全球多个国家建立了广泛的合作关系,为今后在矿产资源领域的双边和多边合作奠定了坚实的基础。

2.3 金属矿产领域国家部委的国际科技合作现状

科技部、工信部、自然资源部、中国地质调查局、自然科学基金委员会等国家部委是国家对外国际科技合作的代表部门,因为金属矿产属于国家产业发展的基础原材料,因此几乎所有的国家部委在进行外事活动时都会涉及金属矿产的合作,但为了集中重点,我们主要关注与金属矿产关系较为密切的国家部委,如科技部、工信部、自然资源部、中国地质调查局及其各省地质调查中心、国家自然科学基金委员会等。

通过公开渠道收集这些部委与金属矿产相关的对外科技活动,共收集到2018—2020年期间的136个对外国际科技合作活动信息,包括科技部矿产资源重大专项的国合专项、科技部政府间国际科技合作项目、中国-欧盟间《中华人民共和国政府与欧洲共同体科学技术合作协定》框架项目、科技部"发展中国家杰出青年科学家来华工作计划"、自然科学基金委员会对外科技合作框架协议、自然资源部对外谅解备忘录、中国地质调查局国际地调项目和联合研究计划,等等。

2.3.1 国家部委的合作地域分布

图2-5展示了国家部委在金属矿产领域与世界各大洲科技合作的地域分布。其中,与欧洲的合作项目数量最多,有51个,占全部136个的37.5%,共与23个国家签署了合作框架协议,其中与英国和法国签署的合作协议最多,这主要是根据各部委不同的战略需求与这些国家的相应部门签署的;与亚洲的27个国家存在合作关系,合作项目数量共41个,占比30.1%;与北美洲的5个国家存在合作关系,合作项目数量16个,占比11.8%,其中与美国和加拿大签署的框架协议较多,涉及这些国家的不同部门,如能源部、科学基金会、卫生研究院以及大学等;与非洲的9个国家存在合作关系,合作项目数量16个,占比11.8%,合作方式主要以联合研究和框架协议为主;与南美洲的4个国家存在合作关系,合作项目数量9个,占比6.6%,其中与巴西的合作更多一些,也是以框架协议的合作方式为主;与大洋洲的澳大利亚和新西兰存在合作关系,合作项目数量3项,占比2.2%,其中澳大利亚签署项目2个,与新西兰签署项目1个,均是以框架协议的方式合作。

从图2-5来看,国家部委在矿产资源领域对外科技合作的方向以欧洲和亚洲为主,北美洲、非洲、南美洲、大洋洲的合作项目数量相对少一些。这实际上与国家部委在矿产资源领域的对外科技合作身份有关。国家部委是国家科技战略的引领者,通过制订国际大科学计划、搭建国际科技合作平台、拟订国际科技合作方向、签署对外战略科技框架协议等一系列活动,

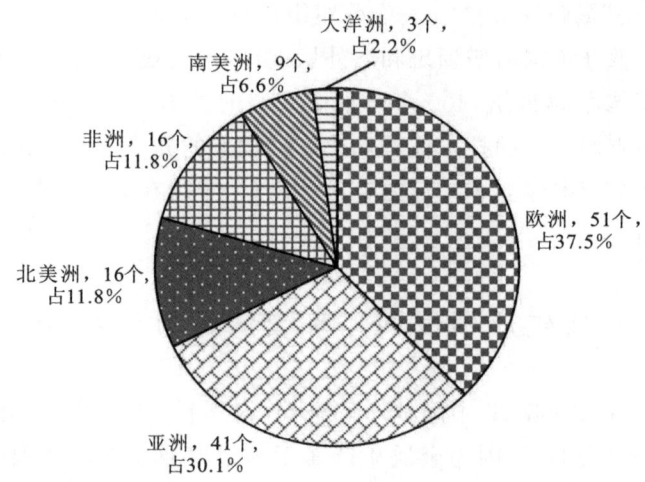

图 2-5 矿产资源领域国家部委国际科技合作的地域分布

为矿业企业和科研院所疏通对外科技合作的渠道,创新合作方式和模式,这一点与矿业企业对外科技合作的方向是有区别的,作用也是无可替代的。国家部委主要以签署政府间国际科技合作框架协议为主,框架协议的内容包罗万象,欧洲地区相对于北美洲和南美洲,国家数量更多,从数量上体现出来的就多一些;以东盟地区国家为主的亚洲国家、非洲地区和大洋洲地区矿产资源丰富,而且主要的矿产资源富集国家比较集中,尽管具体合作项目数不一定少,但框架协议的签署数量显得较少。

按照国家来划分,与英国的合作项目数量最多,共 9 个,占欧洲合作项目总量的 17.6%,与欧洲其他国家的合作项目按数量从多到少排名依次为法国、比利时、意大利和奥地利等;亚洲地区合作项目数量最多的国家为泰国和老挝;北美洲合作项目数量最多的国家为美国。国家部委国际科技合作前五名的国家见图 2-6。

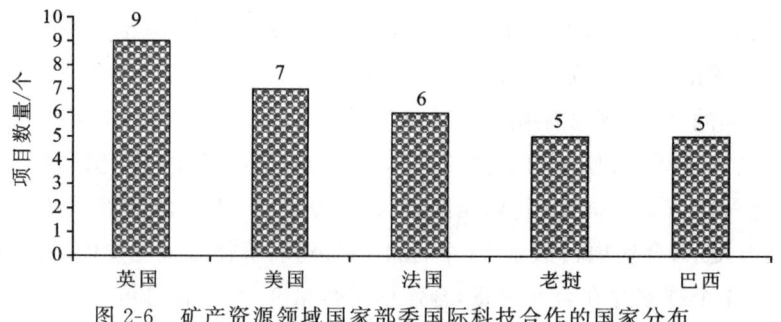

图 2-6 矿产资源领域国家部委国际科技合作的国家分布

具体到合作国家(图 2-6),国家部委的国际科技合作是以欧美等发达国家为主的,相比较而言,这有欧洲国家数量优势的原因,也有欧美发达国家在矿产资源领域科技领先优势的原因,但更多的还是与国家部委对外科技合作的方式有关。

2.3.2 国家部委国际科技合作方式概述

国家部委国际技合作主要有如下 3 种方式:签署政府间国际科技合作框架协议(谅解备

忘录)、实施国际科技合作专项计划(国合基地、引智基地)、参与国际组织中国事务的协调。其中,政府间国际科技合作框架协议和国际科技合作专项计划是一揽子国际科技合作活动的汇总,内容包括联合研究、人员交流、科技项目合作、国际高峰论坛、研讨会以及技术培训等。到目前为止,与中国建立了双边科技合作关系的国家和地区数量已经达到了161个,其中,114个国家和地区与中国签署了政府间国际科技合作框架协议,仅仅在"一带一路"合作框架下的国家和地区数量就达到84个,这为"一带一路"科技创新合作铺垫了广泛基础。

科研院所和矿业企业通过国家部委的框架协议和专项计划,以国际科技合作基地和项目的形式获得合作渠道和经费支持,参与国际科技合作活动。自2016年以来,仅在"一带一路"共建国家,我国已经支持的联合研究项目达到1118个,累计投入中央财政经费29.9亿元。其中,专项计划还包括专门对国外研究团体和个人来华的支持计划,2016年以后,中国还专门针对非洲、东盟、南亚等地区组织了主要面向科技工作者的"创新中国行"活动,通过多层次的科技和人文交流体系,累计为这些国家来华交流和培训相关的技术人员近20万人次,另有约1.5万人次的青年学者来华开展短期科学研究。

此外,参与国际组织包括在中国建设办事处,如中国地质调查局支持的国际地质科学联合会(简称国际地科联)秘书处常驻中国;也参与实施国际大科学计划,如自然资源部支持的联合国教育、科学、文化组织(简称联合国教科文组织)与中国共同推进实施的"化学地球"大科学计划;还代表国家协调国际组织在中国的事务性工作,如科技部支持的国际热核聚变实验堆计划、工信部支持的国际原子能机构中国事务,等等。

在全部136个矿产资源项目信息中,涉及框架协议的有101个,占比74%,这说明在矿产资源领域,国家部委国际科技合作的主要方式是签署政府间科技合作框架协议,从而推动国内外相关科技主体落实国际科技合作活动,国家部委事实上处在中国对外科技合作的指挥官地位,凡是科技合作框架协议签署越早越多的地区,科研院所与矿业企业在该地区的科技活动就越频繁。因此,"政府搭台、企业唱戏、科研院所参与"将是今后很长一段时期内我国矿产资源领域国际科技合作的主要模式,这一点将在后面得到验证。这里还有一个特例,中国地质局作为自然资源部下属事业单位,既承担部分政府职能,也履行科研院所的研究功能。

2.3.3 双边、多边合作机制是国家部委推进金属矿产国际科技合作的重要载体

国家部委是落实"一带一路"倡议的主体。在金属矿产领域,按照合作对象来划分,主要有双边国际科技合作机制和多边国际科技合作机制。

1. 双边国际科技合作机制

为进一步促进在地学研究、地质调查、矿产资源管理、矿山环境保护、矿业投资等方面的合作关系,相关国家部委举办"一带一路"国际科技合作高峰论坛,积极推动与阿根廷、乌拉圭、巴西、智利、苏里南、哈萨克斯坦、蒙古国、柬埔寨、老挝、缅甸、菲律宾、马来西亚、莫桑比克、坦桑尼亚、马里、苏丹、埃塞俄比亚等国家在地质矿产领域的务实合作。与阿根廷、乌拉圭签署了部际合作谅解备忘录,与坦桑尼亚、波兰、挪威、蒙古国、塞尔维亚、厄立特里亚、科特迪

瓦、秘鲁、缅甸、土耳其、沙特阿拉伯等国家的地质调查机构签署了合作协议和行动计划，与俄罗斯、波兰、泰国等国家有关机构签署了项目合作协议。在基础地质调查、战略性矿产资源调查、深部探测、海洋地质、天然气水合物、页岩气、干热岩、地质灾害、岩溶环境、地下水等领域与发达国家开展了技术交流与合作研究。

2. 多边国际科技合作机制

近年来，我国与澜沧江—湄公河地区的国家在矿产资源领域开展了广泛合作，借助澜沧江—湄公河国家地球科学合作论坛，与这些国家保持着有效沟通和联合，取得不少显著成果。此外，我国还派团赴智利参加亚太经合组织的矿业周活动，与亚太经合组织保持积极的矿业合作机制。

2021年《中国矿产资源报告》中指出，我国参加第13届东盟+3矿业高官磋商在线视频会，研究"东盟矿业合作行动计划"第二阶段（2021—2025年）工作计划。参加东亚东南亚地学计划协调委员会（CCOP）第56届年会及第74届和第75届指导委员会会议，参与编制CCOP2021—2025战略规划和工作方案。参加地球观测组织（GEO）第52次和第53次指导委员会会议，作为2020年轮值主席国全面组织GEO年度工作，指导GEO秘书处开展年度审计，审议GEO相关实施计划。此外，在前期我国还参加了第8届联合国全球地理信息管理专家委员会会议，提出由我国牵头筹建"全球地质科学大数据工作组"的倡议。参加国际地科联（IUGS）第73次执委会会议，推进"深时数字地球"国际大科学计划，在解决全球重大地球科学问题等方面发挥引领作用。

2.4 金属矿产领域科研院所的国际科技合作现状

笔者共收集到316项科研院所金属矿产的国际科技合作信息，这些科研院所主要是与金属矿产研究有关的一些高校，如中国矿业大学、中国地质大学（武汉）、北京科技大学，等等。这些科研院所在矿产资源领域对外科技合作的方式主要有3种：联合研究、交流合作、框架协议。其中，交流合作和联合研究是对框架协议的具体落实和执行。总体来看，进行联合研究是科研院所国际科技合作的主要方式，在全部316项信息中，有257项是通过联合研究的方式进行的，占比高达82%，内容以进行科学研究和人员交流居多。事实上，由于我国科研院所预算硬约束的特征，这些联合研究项目的经费主要来自国家部委专项计划的支持，来自企业的经费渠道较少，一般情况下，大型跨国矿业企业都拥有自己独立的研究院，与矿产有关的科研院所参与矿业企业国际科技合作的渠道相对较少。

2.4.1 科研院所国际科技合作的地域分布

按洲际划分，科研院所国际科技合作的主要地区是欧洲和亚洲地区，其中，欧洲地区合作项目数量达到230个，占科研院所全部316个合作项目的比例高达73%，共有20个国家的研究机构与我国科研院所存在合作关系，我国的科研院所作为国家部委科技计划的落实主体，其主要的合作方式是联合研究，交流合作和框架协议的合作方式比较少，这是与国家部委国际科技合作方式不同的地方。亚洲地区的合作项目数量达到 54 个,占比 17.1%;北美洲地区的合作项目数量为 15 个,占比 4.8%;其他地区的合作项目数量相对较少(图 2-7)。这说明,我国科研院所国际科技合作的主要方向是欧洲地区,其次是亚洲和北美洲地区,在其他地区的合作渠道较少,合作意愿也较低。

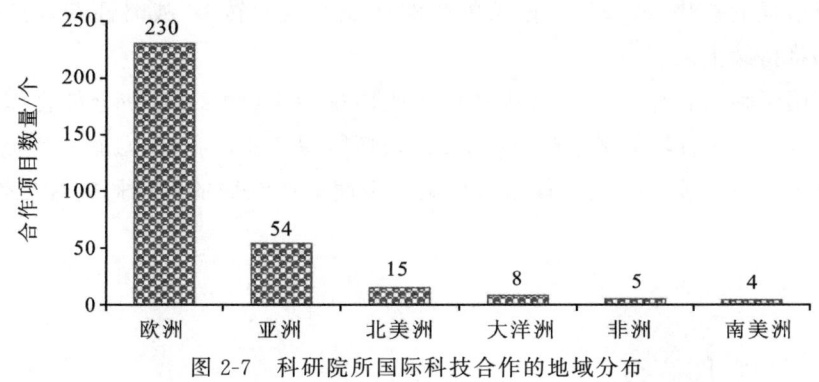

图 2-7 科研院所国际科技合作的地域分布

在合作最多的欧洲地区,科研院所与英国的合作项目数量为 72 个,占全部 230 个项目的 31.3%;与俄罗斯的合作项目数量为 59 个,占比 25.7%;与德国的合作项目数量为 32 个,占比 13.9%。在亚洲地区,科研院所与韩国的合作项目数量最多,共 13 个,占全部 54 个项目的 24.1%;与日本的合作项目数量为 11 个,占比 20.4%;与蒙古国的合作项目数量为 10 个,占比 18.5%;与巴基斯坦合作的项目数量为 9 个,占比 16.7%。在北美洲地区,科研院所与美国的合作项目数量为 12 个,占全部 15 个项目的 80%;与加拿大的合作项目数量为 3 个,占比 20%。

2.4.2 科研院所重点合作的金属矿种及产业领域

图 2-8 显示了科研院所合作项目数排名前十一的矿种信息。需要说明的是,由于合作框架协议模式涉及多个矿种,难以统计具体矿种合作信息,因此没有包含在以下分析数据中,而联合研究和交流合作模式一般会涉及具体矿种。

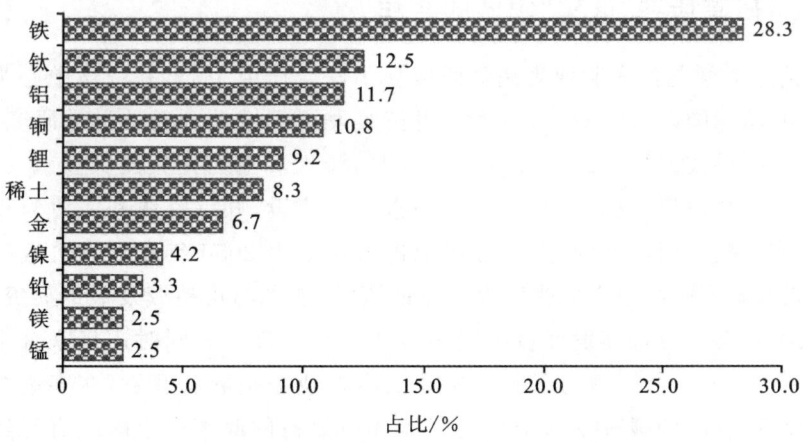

图 2-8 科研院所国际科技合作的重点金属矿产

共有 120 个有明确金属矿产合作的项目,从图 2-8 展示的合作趋势来看,至少到目前为止,我国科研院所对外科技合作的重点矿种还是大宗矿产,如铁、铜、铝等,其中涉及最多的合作矿种是铁矿,占比 28.3%,铁矿石是钢铁工业的主要原料,铜和铝也是国家基础产业发展必需的战略性金属矿产。此外,钛、锂、稀土、镍等战略性新兴产业金属矿产的合作趋势也不弱,正呈现出逐渐增强的态势,未来随着国家的战略产业升级和转型,战略性新兴产业金属矿产的合作需求仍将持续上涨。

科研院所国际科技合作的领域以新材料产业领域为主(图 2-9),在全部合作项目中占比达到 37.8%,其次是高端装备制造产业(23.2%)、新能源产业(14.6%)、新一代信息技术产业(6.3%),其他无法按产业分类的合作项目均属于金属矿产领域的基础研究性工作,占比达到 18.1%。

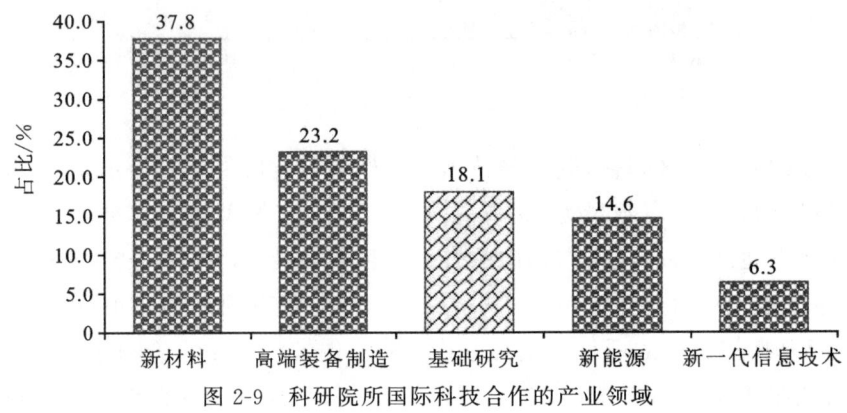

图 2-9 科研院所国际科技合作的产业领域

科研院所是以基础研究为主的,相对于其他 3 个战略性新兴产业来说,以金属矿产为原材料的新材料产业与基础研究的结合更容易。在国家大力推进产业体系升级的大背景下,以高等学校为主体的科研院所在发展矿产资源基础学科的同时,也应该聚焦国家战略需求,主动对接金属矿产相关战略产业链条,紧密结合地方和国家产业发展方向,积极服务行业经济发展需要。

2.4.3 科研院所在"低碳"领域的合作

2012 年,清华大学与澳大利亚力拓集团成立了联合研究中心,并以该中心为平台通过聚集"低碳"领域的国际国内顶尖专家,致力于可持续发展领域的创新性科学研究,共同研发出全球共享的"低碳"科技成果。2020 年 11 月 23 日,澳大利亚力拓集团又投入 3000 万元续签了与清华大学的合作协议,致力于联合中心的常态化建设,并以资源和能源为重点强化联合中心的建设工作。据介绍,联合研究中心将推进力拓集团 2050 年净零排放战略相关的研究课题,努力将联合研究中心建设成为世界一流的资源、能源与可持续发展的研究中心,为全球共同进步和人类社会的可持续发展贡献国际合作样板。该中心同时还将联合中国国内钢铁行业的全球 500 强企业,共同致力于研究中心的主营业务拓展和开发,在多边共赢的基础上实现钢铁行业全产业链的碳减排和全社会整体环境效益的改善。中国政府已经适时提出了 2060 年实现"碳中和"的长期战略目标,目前,清华大学和力拓集团的资源、能源和可持续发展联合研究中心的部分研究成果已经为中国低碳经济转型的行业长期战略提供了充分的科学依据,有望通过持续的通力合作,成为中国政府实现2060年长期战略目标的强大智库团队。

2.5 金属矿产领域矿业企业国际科技合作现状

矿业企业是国家在金属矿产领域进行国际科技合作的重要载体,从一定意义上来说,国家金属矿产资源安全战略的落实主要依赖矿业企业的国际科技合作。尽管起步较晚,但截至目前,中国的矿业企业已与全球40多个国家签署了金属矿产技术和资源开发合作文件,除了国家之外,中国的矿业企业也与全球区域性经济体(如非盟、东盟、拉美等)在机制化矿业合作方面开展了广泛合作和对接,在金属矿产国际科技合作领域拥有坚实的合作基础。

2.5.1 矿业企业国际科技合作的模式

中国矿业企业早期进行金属矿产的国际合作方式往往是直接购买(贸易),这也是中国矿业企业进行国际化的最直接的方式(贺冰清和姚华军,2010;贾文龙,2010),但近些年中国矿业企业进行国际科技合作的方式有所转变,主要的原因是贸易在全球经济增长中的作用逐渐降低,因为受到了国际贸易形式变化和市场波动的影响(尤其是一些突发事件),国际上矿产品的价格经常突然上涨或下跌,最终造成国内产品的价格不稳定,这不利于经济持续稳定发展。

因此,在双边共赢的大原则前提下,中国矿业企业在矿产资源的国际合作路径选择上必须坚持利用国际和国内"两个市场",充分开发国际和国内"两种资源",确保矿产资源的合作层次多样、领域开放、渠道畅通(贾文龙,2010;郑仙蓉,2013)。据统计,现阶段中国的矿业企业对外国际科技合作主要依赖以下3种模式(表2-1):第一种模式是进行投资开发,以投资带动进出口贸易数量的增长。第二种模式是与国际矿业实体开展股权合作。第三种模式是直接与国际矿业实体接触,国内企业通过人力输出和资金支持与国际矿业实体联合开展地质找矿和勘查工作。目前来看,以上3种模式都各有利弊,其中,第一种模式主要受困于国际资本市场的垄断和意识形态的冲击,第二种模式主要受限于国内矿业企业资本运作的经验和程度,第三种模式的难点在于合作国家的政局波动较大,政策和法律无法为深化合作提供保障(贺冰清和姚华军,2010;贾文龙,2010)。

其中,股权并购模式已经成为中国矿业企业开发和利用境外矿产资源、进行国际科技合作的重要方式,通过股权并购,中国五矿集团公司(简称中国五矿)、中国铝业股份有限公司(简称中国铝业)、紫金矿业集团股份有限公司(简称紫金矿业)、洛阳栾川钼业集团股份有限公司(简称洛钼集团)等部分大型矿业企业逐渐成为跨国矿业公司(韩见等,2021)。但自2019年以来,中国矿业企业的股权并购有降温的趋势。标准普尔统计显示,2019年,在已明确交易金额大于1亿美元的金属及矿业并购项目中,仅15%的买方为中资企业,这一比例较2018年的20%略有下降,仅仅达到2017年的一半水平。中资企业并购持续降温,与自身资金压力增大、国际市场矿业资产估值高企以及境外矿业公司并购发力有关。

表 2-1 矿业企业国际科技合作的主要模式

模式	概述	优点	缺点	案例
合作开发模式	通过共同投资、双方协议、共同开发,实现矿产资源国际合作	能够帮助企业快速了解和融入资源国社会,掌握资源国各方面信息,降低投资风险,有较强的运作灵活性,法律风险较低	会在一定程度上降低非资源国企业的利润	中国铝业股份有限公司与沙特SBG集团100万t/a电解铝项目
股权并购模式	通过股权并购的方式对资源国企业注册投资并控股,实现矿产资源国际合作	能显著提高资源国企业利润率,降低投资项目的勘探、论证、设计、施工等环节的风险	需要对资源国企业信息进行精准把控,且决策问题较难解决	中国五矿集团公司以12.06亿美元现金收购澳大利亚OZ矿业公司
风险勘探模式	以风投形式,获取资源国矿产资源勘探权、开采权和收益权,实现矿产资源国际合作	投资少,回报高,一旦勘探到优质矿产,获利极大	风险较大,获取资源国矿产资源勘探权等有一定难度	中国铝业几内亚1万km^2区域铝土矿勘探

资料来源:根据贺冰清和姚华军(2010)、贾文龙(2010)相关资料整理。

最近几年,中国矿业企业加大了海外风险勘探领域的工作力度,相关的合作项目数量显著增长。中国矿业企业开展的这些海外矿产勘查工作,一方面为后续进一步强化矿业投资开发打下了坚实的基础,可以有效推动相关领域的持续深化合作;另一方面也为未来中国矿业企业充分利用国际、国内两个市场,进一步增强自身国际竞争力打下了良好基础。目前,由中国矿业企业主导的一些大型资源勘探项目成果斐然,例如:中国铝业与几内亚政府签订协议对铝土矿进行勘探,面积达到1万km^2。中国有色矿业集团有限公司(简称中国有色集团)与缅甸政府签订协议,完成达贡山的镍矿资源勘探,勘探面积达到40万km^2,此外,该公司与老挝政府签订合作协议,在帕克松地区开展铝土矿勘探,勘探面积甚至达到了110万km^2,等等(何腊柏,2010)。

由大型矿业企业作为领头羊开展矿产资源的"走出去"战略意义重大,中国政府也已经意识到这一点,因此,从2000年开始,国家安排专项资金积极鼓励大型矿业企业"走出去",进一步开展广泛国际科技合作,特别是在境外开展矿产资源的风险勘探和可行性研究,以进一步提高风险防范能力。为确保矿业企业"走出去"战略落实,国家在专项资金使用政策上给予适度宽松和许可,可以预见的是,重要金属矿产风险勘探的合作模式将是未来中国矿业企业与海外矿业实体合作的主要选择模式(何腊柏,2010)。

2.5.2 矿业企业的国际科技合作规模

第一,矿业企业在金属矿产领域的国际科技合作规模基数较小,合作的金属矿产生产总值在全球矿产产值中的占比较小,矿业企业成分较为分散。

长期以来,我国矿业企业的国际科技合作规模一直都不大,2013年合作峰值期对外投资总额仅约250亿美元(图2-10)。中国矿业企业参与控股的金属矿山数量也不多,2013年有大约60座,仅占全球采矿业投资总额的7%,而在其他大多数年份,这一占比甚至低于5%。2015年以后,由于对部分金属的需求增长放缓,同时国家对采矿业对外直接投资采取了更加谨慎的态度,客观上造成中国矿业企业对外投资总额进一步减少。

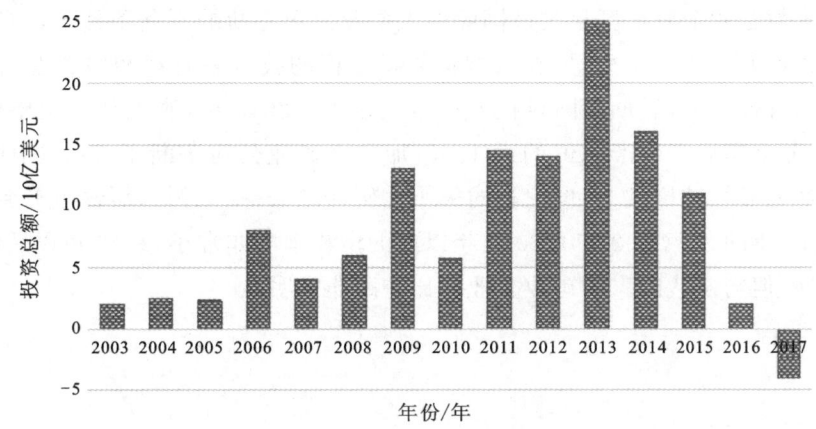

图 2-10 中国海外矿业投资

[资料来源:据 Ericsson et al.(2020)和美国地质调查局相关数据整理]

根据国家统计局数据,2003—2017年,中国矿业企业海外投资总额约为1250亿美元,但同期全球矿业投资总额约为27 000亿美元,由此可见,中国矿业企业在全球矿业投资总额中的占比非常少,影响力较弱。至2018年,中国矿业企业共在海外投资了10个铁矿、20个铜矿(包括部分铜钴矿)、14个金矿、2个锌铅矿和4个铝土矿,还有10个矿山主要生产铬、锂、锰、镍、铌、铂族金属等,在全球金属矿山中的合作份额非常低,而且合作金属主要集中在铁矿石、铝土矿、铜、镍、金等有限的几种矿产上面。

2018年,中国矿业企业进行国际科技合作的矿山生产价值为215亿美元。其中,铜和钴约为80亿美元,铁矿石约为49亿美元,黄金和铝土矿分别约为19亿美元和14亿美元。尽管铝土矿只占总价值的7%,但却是中国矿业企业近年来国际科技合作增长最快的矿产,2018年的价值比2014年增长了14倍。相比较而言,在2014年达到价值顶峰之后,中国矿业企业对铁矿石的国际科技合作价值量有所下降。

目前,活跃在国际科技合作市场的中国矿业企业主要有五大类:①小型私人经营者;②私人控股的小型工业化运作的矿山公司[如中国宏桥集团有限公司(简称中国宏桥)、坛金矿业有限公司(简称坛金矿业)等];③拥有各种类型金属矿山的私营或国有中型公司[如浙江华友钴业股份有限公司(简称华友钴业)、天齐锂业股份有限公司(简称天齐锂业)等];④经营世界级金属矿业项目的国有大型公司[如紫金矿业、洛钼集团、中国五矿和中信金属股份有限公司(简称中信金属)等];⑤确保国内铁矿石供应的钢铁公司。这5类矿业企业的规模各不相同,但即使是国内最大规模的公司,与世界上主要的国际矿业公司相比,规模也相对较小。2018年,按企业所属矿山生产总值占全球市场中的份额来衡量,最大的中国矿业企业中国五矿的产值仅占全球的0.5%,湖南华菱钢铁股份有限公司(简称湖南华菱)占0.3%,洛钼集团、紫金矿业和中信集团各占约0.2%,中国铝业约占0.15%。相比之下,仅计算铁矿石和铜矿两类金属矿产,必和必拓公司占全球金属矿产生产总值的4.1%以上,由此可见,这个差距非常明显。

第二,矿业企业国际科技合作的增长幅度不大,进一步加强国际科技合作的增长空间也有限。

在全球大多数已知金属矿区早已被国际四大矿业公司垄断的不利条件下,中国矿业企业作为全球金属矿产开发的新生力量,在大规模采矿方面的技术和管理经验普遍有限,造成前期国际科技合作喜忧参半,后期国际科技合作增长乏力。2013年,澳大利亚主要矿业公司垄断了全球金属/非金属矿产生产总值的近10%,加拿大矿业公司垄断了8%。中国矿业企业在全球金属矿产的股权结构从21世纪初的极小比例(0.1%~0.2%),缓慢上升到2014年的0.8%,再到2018年的3%(图2-11),2013年以前的增长幅度非常小,2013年以后的增长速度尽管相对快一些,但与发达国家的矿业企业相比差距非常明显。

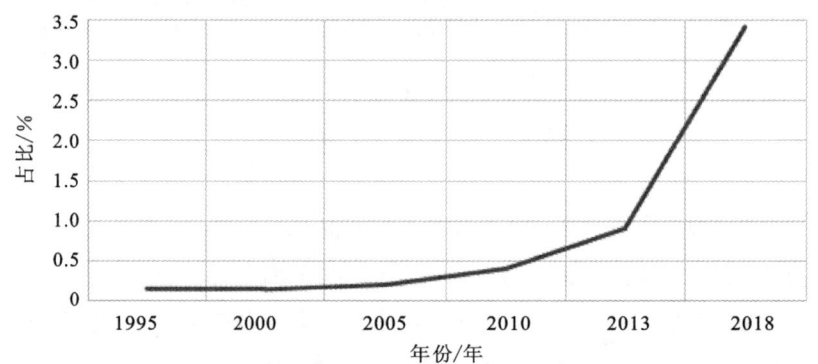

图2-11 1995—2018年中国矿业企业海外矿产生产总值占比(据Ericsson et al.,2020)

未来随着国家在非洲地区进一步加大矿产风险勘探的力度,矿业企业开发全球金属矿产的增长速度可能会逐渐加快,但考虑到金属矿产风险勘探的不确定性,这个增长幅度和速度到底有多大尚难以预测。

预计后期矿业企业取得国际科技合作大幅度突破的难度较大。目前已经存在部分矿业企业在海外的合作项目延迟或者受阻的情况,除了金属价格波动的因素之外,主要是受国际政治环境的影响,澳大利亚近期与中国政治关系的日益紧张肯定会对中国矿业企业铁矿石的合作项目产生巨大影响。受此影响,2021年1月以来铁矿石价格快速飙升,已经突破150美元/t,由于短期内无法找到足够的替代供应,一旦澳大利亚铁矿供应出现问题,中国铁矿来源将出现重大危机,铁矿价格可能突破到难以想象的高度,这是中国钢铁工业无法承受之痛。此外,一些非洲国家的国内政策变化也将成为中国矿业企业进行国际科技合作的变量之一。据报道,2018年刚果(金)政府颁布新矿业法和矿业条例,在税收方面作出重大调整:资源税由销售净值(销售-可抵扣成本)的2%提高至销售毛收入的3.5%,战略性金属钴资源税更是提高至销售毛收入的10%。2021年3月下旬,刚果(金)多家矿业公司又收到禁止铜和钴精矿出口的命令,表明刚果(金)政府希望调整与外资矿业企业的合同。其中,中国矿业企业与刚果(金)此前达成的多项协议均有可能被纳入这次调整之中,如果这项调整得以实施,对中国矿业企业在刚果(金)的金属矿产合作前景到底会产生怎样的影响尚难以断定。

2.5.3 矿业企业的国际科技合作区域变化

中国矿业企业在全球进行金属矿产国际科技合作的区域一直在发生转移,在环太平洋地区,主要包括澳大利亚和加拿大,近年来逐渐拓展到南美洲。在非洲南部地区的合作较多,近年来也在逐渐向西非地区拓展。亚洲地区主要包括蒙古国、老挝、朝鲜、缅甸、塔吉吉斯坦和越南等国家。

其中,澳大利亚和非洲南部是中国矿业企业国际科技合作的最重要目标地区,主要的原因有两个:第一,这些国家或地区是全球主要的金属矿产资源地区,拥有大量的金属资源,特别是铁矿石和铜等大宗金属矿产资源丰富,中国早期工业化对金属矿产的需求催生了这一合作进程。第二,这些国家或地区的矿业经营体系完善,欢迎中国矿业企业进入。如南非拥有大量的矿业公司、勘探和建设服务公司以及勘探和采矿所需的各类专家,这对缺乏国际科技合作初始经验的中国矿业企业非常重要。此外,澳大利亚和非洲南部到中国的海上运输交通便利,客观上也是有利条件。

近几年,由于中国矿业企业在澳大利亚和加拿大的矿业投资均受阻,为了响应国家"走出去"的矿产开发战略,中国矿业企业一方面逐渐加大在东南亚地区和非洲南部的矿业合作,另一方面也在逐步拓展南美洲和非洲西部的金属矿产国际科技合作渠道。

2.5.4 矿业企业在非洲的国际科技合作

近年来,中国矿业企业在非洲中部铜钴成矿带特别是刚果(金)实现了国际科技合作的快速发展,并带动了当地工程和贸易物流等配套产业的协同壮大。在非洲这样的新兴矿业市场,配套条件匮乏,作为产业链的不同环节,矿业、工程和贸易物流等业务具有天然联动性,矿业是产业链的关键环节和价值链的源头,工程和贸易物流是制约矿业发展的瓶颈,也是矿业业务延伸的自然选择(表2-2)。

表2-2 中国矿业企业在非洲的金属矿产产量占比

分类	1995年	2000年	2005年	2010年	2013年	2018年
非洲总产量占全球总产量百分比/%	15	15.3	13.2	10.1	11.4	14
中国矿业企业在非洲产量占全球总产量百分比/%	0	0.01	0.05	0.05	0.25	0.9
中国矿业企业在非洲产量占非洲总产量百分比/%	0	0.07	0.38	0.5	2.2	6.4

资料来源:Ericsson et al.,2020。

第一,中国矿业企业与非洲地区的合作增长较快,但与传统的国际大型矿业公司相比,拥有的矿产总产值仍然较低。

中国矿业企业近年来在非洲地区的国际科技合作非常活跃。2000年,迪劳孔铬铁矿是中国矿业企业在非洲经营的唯一在产金属矿山,但迪劳孔铬铁矿生产总值仅占全球金属生产总值的0.009%。同一时期,包括迪劳孔铬铁矿在内,中国矿业企业在非洲地区进行国际科技合作的金属矿产生产总值占全球比例仅为微不足道的0.05%。

此后,中国矿业企业在非洲地区的金属矿产国际科技合作迅速增长,2005年合作的生产总量达到了非洲矿业生产总量的0.38%,占世界总产量的0.05%。2010年,中国矿业企业在加纳、南非、赞比亚和津巴布韦取得了突破,但全部生产总量仍然仅占全部非洲总产量的0.5%左右,占全球总产量的0.05%。2013年,这两个数字分别增长至2.2%和0.25%,主要增长点来自一些在2010年已经运营的矿山产量增加,并在刚果(金)和赞比亚开设了新的铜矿;第一黄金集团有限公司收购了南非的金矿,河北钢铁股份有限公司(简称河北钢铁)控制了帕拉博拉铜矿,并最终实现了在加蓬的锰生产。2013—2018年的5年间,增长速度加快,截至2018年底,中国矿业企业在非洲的合作生产总量约占非洲产量的6.4%,但仅占全球总产量的0.9%。

第二,在合作国家方面,中国矿业企业主要以资源需求为导向,逐步寻求与非洲的矿产合作,目前主要的合作国家是刚果(金)和赞比亚。

非洲是中国矿业企业在海外最早进入的区域,也是目前中国矿业企业在海外发展最具活力和最成功的区域。目前中国矿业企业在非洲投资以刚果(金)、赞比亚、南非、几内亚为主,并涵盖纳米比亚、津巴布韦、厄立特里亚、刚果(布)等。其中铜的投资以刚果(金)最为集中。刚果(金)铜钴带由东南边境的卢本巴希向西北至科卢韦齐,除中国五矿外,还集中了欧美的嘉能可斯特拉塔股份有限公司(简称嘉能可)、Eurasian Resources Group、Ivanhoe Mines等国际矿业公司,以及中铁资源集团有限公司、华刚矿业股份有限公司、洛钼集团、金川集团国际资源有限公司、紫金矿业、中国有色集团等一大批矿业企业在该区域进行矿产开发(刘钧沅等,2023)。

2018年,中国矿业企业在赞比亚的合作总额占其国内金属矿产生产总值的12%。得益于刚果(金)政治不稳定的风险造成全球主要矿业企业的退出,中国矿业企业在刚果(金)的合作力度较大,合作份额占其国内矿产生产总值的24%,大约是赞比亚的两倍。在厄立特里亚,中国矿业企业几乎独占该国金属矿产的开发权益。在几内亚,中国矿业企业经营的份额占其全国矿山总产量的37%。在加蓬,25%的锰生产由中信金属掌握,目前还没有其他矿业企业在加蓬进行矿产合作。但在其他非洲国家,如加纳、纳米比亚和南非,中国矿业企业的合作产量非常有限。按照矿产生产价值来计算,洛钼集团拥有约13亿美元(占非洲生产总价值的1.5%)的矿产股份,中国有色集团拥有约4.4亿美元(0.5%)的矿产股份,紫金矿业和中国五矿分别拥有约4亿美元的矿产股份,金川集团拥有约2.5亿美元的矿产股份。

第三,合作矿种方面,中国矿业企业在非洲地区主要合作的矿种为铜、铝土矿、钴、锌、金、锰、铬等,其中,钴、锰、铬等矿种仅在非洲有合作。

刚果(金)和赞比亚是非洲地区铜资源较为丰富的国家,中国矿业企业与刚果(金)和赞比亚存在较多的合作。2018年,刚果(金)铜产量约为130万t,其中中国矿业企业铜产量约为70万t,占总产量的54%以上,加上在其他国家的产量,中国矿业企业占整个非洲地区的铜产量为28%(表2-3),但这个比例并不足以构成垄断。

表2-3 2018年中国矿业企业在非洲和海外的金属矿产产量

矿种	中国矿业企业在非洲金属矿产产量/百万美元	非洲金属矿产总产量/百万美元	中国矿业企业在境外金属矿产产量/百万美元	中国矿业企业在非洲金属矿产产量占非洲产量百分比/%	中国矿业企业在非洲金属矿产产量占中国矿业企业在境外总产量百分比/%
铜	2902	10 300	7605	28	38
铝土矿	1318	1600	1365	82	97
钴	901	2200	901	41	100
金	544	30 600	1921	12	28
锌	226	780	816	29	28
锰	189	5800	189	3	100
铬	102	4800	102	2	100
铁矿石	0	6000	3306	0	0

资料来源:Ericsson et al.,2020。

2018年,嘉能可和第一量子矿业公司(简称第一量子)等大型跨国矿业公司在非洲地区的铜产量均与中国矿业企业整体的份额接近,其中,嘉能可占比20%,第一量子占比25%。预计未来中国矿业企业在刚果(金)的科技合作仍处于快速扩张态势,目前已经在建的矿产新产能有50万~70万t,而随着一些新项目的陆续投产,以及嘉能可Mutanda铜矿的计划中停产维护和部分欧美企业的意向性退出,预计中国矿业企业的矿产产能比例仍将持续上升。

中国矿业企业的钴金属产量占整个非洲地区钴金属产量的41%。据有关资料统计,2017年,中国矿业企业在非洲地区钴金属的产量约为4万t,这个数量达到了刚果(金)钴金属全国总产量的50%。除刚果(金)外,中国矿业企业在非洲其他国家(马达加斯加、摩洛哥、南非、津巴布韦和赞比亚)也生产一定数量的钴金属,但这个数量较少,约为4000t。从全球分布来看,非洲地区是中国矿业企业在钴金属上的唯一合作地区。

2015年以后,中国矿业企业加大了对非洲地区铝土矿的国际合作力度。2016年山东魏桥创业集团有限公司(简称山东魏桥)与几内亚签订的铝土矿合作协议进一步增加了中国矿业企业在非洲地区开采铝土矿的影响力,经初步估计,该协议涉及的铝土矿产值约为10亿美元,而且2020年12月首船矿石已经运回国内。可以预计的是,由于中国国内产业升级的需求,未来中国矿业企业还将进一步加大在非洲地区的合作。

我们注意到,即使到2018年,中国矿业企业与非洲仍然没有铁矿石的合作,此前国内铁矿石的合作国家主要是澳大利亚,在目前铁矿石等大宗金属矿产无理性涨价以及发达国家意识形态打压的背景下,中国矿业企业逐步开放非洲地区的铁矿石合作非常值得期待。事实上,塞拉利昂新唐克里里铁矿目前已经成了中国矿业企业的合作模板,该铁矿是目前全世界最大的单体磁铁矿,资源量达到了137亿t,含铁量达到60%,由中国庆华能源集团有限公司

(简称中国庆华)负责投资,并于2020年9月全线运营,其主要的问题是含硅量比较高。除此之外,几内亚的西芒杜铁矿资源更为充足,品位更高,可以达到66%~70%。西芒杜铁矿估计资源总开采量可以达到100亿t,目前由力拓集团(占比45%)、中国铝业(占比40%)以及几内亚政府(占比15%)共同拥有。中国矿业企业还在南非、毛里塔尼亚、喀麦隆、马达加斯加等多个国家进行矿产勘探,这些国家都有着丰富的铁矿石,但普遍存在基建设施不够好的特点,如果中国矿业企业能够解决好这些国家的基建问题,那么,解决目前中国面临的铁矿石"危机"就有了较好的方案。

2.5.5 矿业企业在"低碳"领域的国际科技合作

中国宝武钢铁集团有限公司(简称中国宝武)和力拓集团加强了"低碳"领域的国际科技合作。其中,中国宝武是全球最大的钢铁公司,按照国家"碳中和"的阶段性目标,努力打造开放的全球技术平台,合作探索低碳转化技术解决方案和路线图,重组冶炼流程,重塑低碳价值链。通过对现有钢铁工艺和流程的不断创新和改进,探索和掌握绿色低碳冶金的关键核心技术,研发未来的先进钢铁技术。澳大利亚力拓集团是全球唯一不生产化石燃料的大型国际矿业公司,值得注意的是,力拓集团确立的减排目标显得更加"雄心勃勃",它承诺到2030年将进一步降低30%排放强度和15%绝对排放量,这一点尤其对中国矿业企业在"低碳"领域的国际科技合作意义重大,可以有效缩小与全球"低碳"技术的代差。此外,国外一些矿业企业的跨国合作经验更加丰富,比如,与美国铝业(Alcoa)公司合资的ElysisTM公司,在加拿大魁北克省政府和美国苹果公司的资金支持下,开发了一种具有颠覆性技术的铝加工工艺,可以最大限度地消除电解铝过程中所有直接温室气体的排放,这对中国矿业企业的国际科技合作也有参考价值。

自2019年开始,中国宝武联合清华大学着手开展与力拓集团的跨国合作,通过签订合作协议,旨在寻求新技术的开发和实践,以共同提升全球钢铁行业产业链的碳减排和环境效益。到2020年12月,中国宝武与力拓集团续签了进一步的国际合作协议,约定在未来两年内由力拓集团投资1000万美元,设置低碳炼铁研究项目共同开展相关研究,计划成立低碳原料制备研发中心和中国宝武低碳冶金创新中心共享试验平台,并利用该平台开发二氧化碳利用转化工艺。在合作前期,该平台将以低碳矿石的制备工艺作为研究重点,其中包含了小型生物质处理应用试验装置和微波干燥矿块试验装置的建设等。国内部分学者认为,中国宝武建设该中心的目的主要是推动钢铁行业低碳转型,除了探索进一步深化与力拓集团和清华大学在应对气候变化方面的合作之外,重点致力于钢铁产业链的短期和长期脱碳目标,为国家节能减排提供技术支撑。

2.6 未来我国金属矿产全球资源来源地区分析

2.6.1 大洋洲——近年来中国金属矿产最重要的来源地

尽管从长远来看,随着我国工业化进程进一步加深和产业结构进一步升级,未来大洋洲在我国金属来源国的地位将有所下降,但至少"十四五"期间我国仍无法摆脱对大洋洲金属矿产的依赖。

大洋洲实际上主要是指澳大利亚,澳大利亚因为拥有丰富的金属矿产资源特别是大宗金属矿产资源而成为我国金属矿产的主要合作地区。中国与大洋洲的矿产资源合作以包括金属矿产在内的固体矿产为主。在金属矿产的合作峰值期,中国从大洋洲进口各类金属矿石,合计价值量达到了776.8亿美元,占到了当年全口径进口总价值的15.9%。目前我国仍处在工业化进程的后期阶段,基础制造产业也处在全球产业链的中游阶段。从需求侧来讲,国内对大宗金属矿产原材料的需求仍然非常旺盛,至少在未来10年内这个需求不会消减;从供给侧来讲,全球产业链的分工需要中国市场提供大量钢材等中间矿产原材料。因此,未来10年,着眼于供给和需求两个方面,大洋洲仍将成为我国大宗金属矿产的重要来源地区,国内产业界需要解决的问题是要提高技术创新引领,开发国内大宗金属矿产勘探潜力,寻求非洲地区勘探补充,衔接好目前的资源短缺阵痛期的产业转型,为下一阶段国家的产业全面升级打好基础。

2.6.2 非洲——目前成为中国金属矿产国际合作增长最快的地区

非洲在我国金属矿产国际合作中占据着重要地位,未来随着大洋洲矿产资源来源国地位的降低,非洲极有可能超越大洋洲,成为中国最重要的金属矿产国际合作来源地区。中国矿业企业在与非洲国家进行国际科技合作时存在一个误区,常常认为非洲是不发达地区,对金属矿山的并购没有很多竞争对手,事实上不是这样,尽管非洲部分国家的经济总量较低,但不少国家在投资环境和环保意识上是领先于国内的。

中非关系源远流长,基础坚实,得益于国际大型矿业公司的陆续退出,我国矿业企业获得了为数不多的持续增加合作的机会。黄琳(2020)指出,目前中国从非洲进口矿产资源价值为732.7亿美元,占全部进口矿产总价值的15%。具体矿种和进口比例如下:铁矿石8.2%、锰53.1%、铬57.1%、钛9.5%、铅7.5%、钨矿16.9%、钴98%、铂族金属50.9%、铌钽锆矿30.1%。近几年,非洲地区甚至成为我国矿业企业开展铝、锰、钴、铬等金属矿产国际合作的唯一地区。应该注意的是,在当前国际关系新形势下,中国与非洲地区开展金属矿产国际合作也存在一定的安全隐患:①非洲地区贫富差距较大,长期以来社会治安不稳定,政治冲突和暴力事件时有发生,一旦发生社会不稳定事件,中国矿业企业的合法权益较难保障。②当地政府的政策延续较随意,如我国矿业企业在刚果(金)的合作投资较为深入,多年来也保持着非常友好的合作关系,但刚果(金)政府有针对外资矿业企业进行合同调整的传统,2021年5月刚果(金)政府的再次调整或多或少对我国矿业企业的国际合作产生了影响。③西方国家或国际大型矿业公司对非洲地区矿权的围堵,也对我国矿业企业在非洲的进一步合作产生了消极影响,如果美国等西方国家加强对非洲的影响力,这种消极影响将更加突出。美国2012年就曾经利用EICC实施"无冲突矿产"采购政策,限制中国从刚果(金)及其毗邻国家进口锡、钨、金、钽等矿产。

2.6.3 中南美洲——未来金属矿产国际科技合作的重点关注地区

中南美洲从意识形态上与我国没有根本性冲突,政局稳定,这些国家普遍有从经济发展上寻求摆脱对美国依赖的意愿,愿意与中国进行全方位的国际合作。中南美洲地区也是全球传统的金属矿产资源地区,长期以来,中南美洲地区一直是中国有色金属的主要进口来源区域,未来中国从中南美洲地区进口的矿产资源价值还将不断攀升。在合作峰值期,中国从中南美洲进口的矿产资源价值达 661.1 亿美元,占中国进口总价值的 13.6%。矿种与进口比例如下:铁矿石 22.1%、锰矿 6.1%、铜矿 49.2%、精炼铜 49.5%、铅 9.3%、未锻轧锡 25.7%、碳酸锂 98.6%(武轶等,2016)。中南美洲地区政局较为稳定,作为美国传统"后院",重视与美关系,但同时也愿意加强与中国经济贸易往来,如果中国矿业企业能够处理好法律法规和工会方面的事务,我国与中南美洲进一步加深矿产资源的合作还是较为安全的。

2.6.4 俄罗斯——中国"一带一路"倡议重要的国家

俄罗斯地广人稀,矿产资源特别是能源矿产丰富,俄罗斯经济发展较为低迷,属于资源输出型经济体,非常依赖矿产资源的出口。目前俄罗斯在全球战略格局上与我国有互补的需求,未来也将是中国矿业企业开展金属矿产国际科技合作的重点关注地区。事实上,不仅仅是俄罗斯,包括中亚国家在内的苏联地区国家都有较大的合作潜力。合作峰值期内,中国从苏联地区国家进口了价值 594.1 亿美元的矿产资源,占中国进口总额的 12.2%。

尽管中国从苏联地区国家进口的矿产资源以能源矿产为主,但也有较大比例的金属矿产,如 79.5% 的未锻轧钛、7% 的精炼铜、46.9% 的未锻轧镍、19.1% 的铅、49% 的锑、29.1% 的钨、10.5% 的铂族、54.4% 的钾盐等。随着"一带一路"经济带的建设推进,中国与俄罗斯以及中亚国家之间的金属矿产合作将进一步加强,未来中国从苏联地区国家进口的矿产资源价值将进一步增加。而且,中国与这些国家的矿产合作有一个便利条件,可以通过铁路大批量地运输并且不受其他中间国家的干扰,这有效克服了中国海上运输通道受制于人的困难,分散了中国进口矿产资源严重依赖海运的风险。

2.6.5 东南亚地区——中国金属矿产合作高潜力地区,但风险较大

东南亚地区是我国"海上丝绸之路"的重要建设地区,该地区是全球铜、金、镍、铝土矿、钨锡矿等矿产的主要生产地之一,与我国形成良好的资源互补。高骏等(2017)指出,在东南亚地区,尽管澳大利亚、加拿大、美国等发达国家利用先发优势占据了较多的矿产资源,但是,我国的矿业企业仍然存在大量的机会,只要加强与东南亚地区的合作,开展广泛而深入的矿产资源合作将成为中国与东南亚地区国家的共识。

合作峰值期间,我国从东南亚进口矿产价值达到 333.5 亿美元,主要矿种和进口比例如下:锰 8.9%、钛 27.4%、铜 5.9%、铝土矿 67.7%、镍 99.3%、钨 8.4%、锡矿 93.3%、锑 24.8%、钽 46.1%(高骏等,2017)。但客观上讲,东南亚地区国家的营商环境普遍不佳,道路、水电等基础设施条件存在欠缺,政权更迭导致的政策一致性难以保障,这些风险将对中国矿业企业造成一定程度的困扰。

由于东南亚主要生产金属矿石,冶炼工业薄弱,钢铁、铜、铝生产能力薄弱,大约65%的钢、67%的铜和44%的铝必须进口。因此,必须进一步强化这个地区的合作。事实上,由于东南亚国家普遍面临矿产开采的装备和技术劣势,在产业发展方面尚存较多漏洞,而中国在这些方面都能够为东南亚国家提供普遍支持,在其产业链的延伸和深化方面更是如此。根据东南亚国家的资源条件,铝土矿、铜、金、镍、锡等将是中国矿业企业的重点合作矿种,其中,铝土矿以印度尼西亚加里曼丹西海岸、越南南部以及老挝南部高原为合作重点区域。铜、金和镍等以印度尼西亚的苏拉威西为重点合作区域。锡矿以泰国和缅甸相连的锡矿带为主,其重点合作区域集中在泰国的茂奇地区和缅甸的德林达依地区(高骏等,2017)。

事实上,我国一些矿业企业已经加大了在东南亚的矿业投资合作。2021年5月,江西赣锋锂业股份有限公司投资印度尼西亚TAS红土镍项目。浙江华友钴业股份有限公司宣称在印度尼西亚投资建设华宇镍钴(印度尼西亚)有限公司,计划建设年产12万t镍和1.5万t钴的红土镍矿湿法冶炼项目,建设总投资约为20.8亿美元。这些公司的相关举措是为了进一步打造世界竞争力的新能源动力电池镍原料制造体系,为我国新能源锂电材料业务的发展提供可靠的资源保障。

2.6.6 北美洲和欧洲——中国金属矿产资源的少量补充

相比较而言,中国从北美洲和欧洲地区进口矿产资源较少,即使是在合作峰值期间,从北美洲和欧洲地区分别进口的矿产资源价值占总价值的比例也不到3%(北美洲)和2%(欧洲)。据武轶等(2016)的数据,中国目前从北美洲进口铜、钨、铍等,其中,进口铜约占总进口量的15.9%,进口铅约占20.3%,进口钨约占27.1%,进口铍约占75%。主要从欧洲进口的金属矿产占总进口量的比例分别为:未锻轧锰29.5%、铬22%、精炼铜13.1%、未锻轧锑17.9%、铅20.7%。北美洲国家和欧洲国家均属西方发达国家,政局稳定,由于北美洲和欧洲本身秉承金属矿产的对外扩张策略,且与中国存在战略竞争关系,因此,中国从这些国家获取金属矿产特别是战略性金属矿产的份额不会太大,仅能够作为全球其他市场的补充来源。

第 3 章　金属矿产的应用需求及产业链关键技术梳理

"十四五"时期,我国经济社会发展以推动高质量发展为主题,以深化供给侧结构性改革为主线,以科技改革创新为根本动力,稳步加快构建以国内大循环为主体、国内国际双循环相互促进的新发展格局(施兴国,2022;田明华等,2023)。可以预见的是,在世界风云变幻的大格局下,以信息技术为代表的新一轮科技革命和产业变革的深入发展,将拉动金属矿产在高端应用领域的消费增长,尤其在高端装备与材料制造产业、能源及矿产资源采掘业、基础设施建设、核能源、生物医学、润滑材料、储能材料以及国防军工等领域具有巨大应用潜力,由此看来,我国金属矿产行业的发展仍处于重要的发展战略机遇期。

金属矿产涉及的关键技术的国际科技合作需求不是孤立的,必须结合产业链来分析,产业链上游主要涉及矿石原料采选的技术进步,产业链中游主要涉及冶炼和高端制造技术,产业链下游主要涉及产业应用的技术拓展。由于每种矿产在产业链上的技术并不完全具备通用性,因此,笔者在本章结合第 1 章 1.4 节对金属矿产紧缺类型的分类,将金属矿产分为资源紧缺型、资源优势型、技术制约型 3 类,基于金属矿产的产业应用分别对每个类别做相应的资源和技术需求分析。在此基础上,按照单矿种产业链的线条分析国际科技合作需求。

3.1　资源紧缺型战略性金属矿产

以国家金属矿产已探明储量为主要参考依据,资源紧缺型战略性金属矿产主要有两大类:大宗金属矿产和新兴产业金属矿产。其中,大宗金属矿产主要包括铁、铜、铝等,新兴产业金属矿产主要包括锂、镍、钴、铂族、铌、钽、铬、锆等。

3.1.1　紧缺型大宗金属矿产

3.1.1.1　铁矿的应用及产业链关键技术梳理

1. 铁金属在产业中的应用

铁是利用范围最广、用量最多的金属,占国民经济金属消耗总量的 95% 左右,铁矿石产业链见图 3-1。

第 3 章　金属矿产的应用需求及产业链关键技术梳理

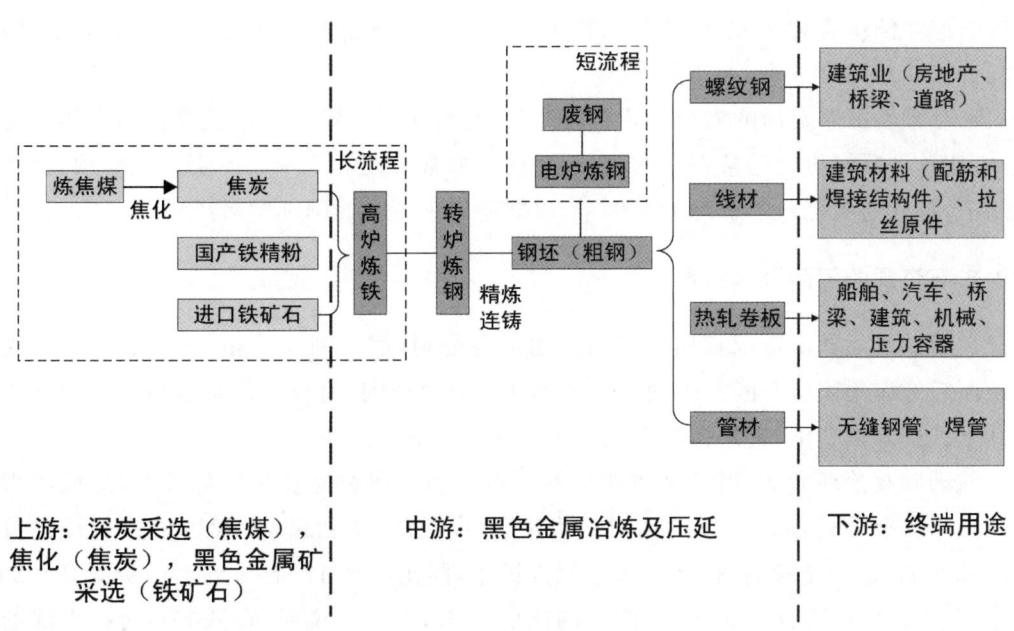

图 3-1　铁矿石的产业链(网址:https://www.djyanbao.com/category)

铁是钢铁工业的主要原料,从铁矿石的产业链来看,产业中游的产品主要是钢,而钢的用途非常广泛,是工业生产的基础性结构材料,产业下游几乎涉及国民经济的各个行业,在建筑基础设施、铁路、机械设备、交通运输设备、家电、五金制品、石油化工、电力以及航空航天和国防军工设备领域都有不可替代的用途。因此,铁矿石产业对国家基础产业的支撑作用也是无可替代的。目前中国已进入工业化中后期,铁消费量仍会逐年增长,铁矿石的消费量也随之急剧增长。

2. 铁矿石的资源安全风险

中国铁矿资源总量较为丰富,当前查明的铁矿资源储量约为 200 亿 t,规模仅次于澳大利亚、巴西和俄罗斯,居世界第四位,但我国铁矿石质量整体较差,平均品位较低(宏观平均品位 34.50%),且有害成分含量高,这种资源禀赋的先天差距一方面不利于技术上的选矿和冶炼,另一方面造成我国铁矿企业成本远远高于国际四大矿山,国内钢铁工业的需求难以满足,导致我国铁矿石资源的安全程度和形势日益严峻。中国的铁矿石供应长期不足。

我国钢铁工业发展所需要的铁矿石主要依赖进口,对外依存度多年超过 50%,而且进口量呈逐年上升的趋势,多个下游产业受到上游铁矿石供应的制约。而且,中国铁矿石进口来源集中度较高,澳大利亚和巴西进口量合计占总进口量的比例超过 86%。新冠疫情暴发以来澳大利亚政府对我国的贸易打压和 2021 年 5 月 6 日国家发改委无限期暂停与澳方战略经济对话框架下的一切活动对我国铁矿石进口的影响非常大,国家基础性重点战略产业受到全球铁矿资源配置格局的影响不容乐观。

因此,必须从铁矿石产业链的上游为下游产业打开资源缺口,深入开展国内铁矿资源勘探和采矿,以弥补国际市场波动的缺口。2021年5月31日,为应对铁矿石价格过快上涨,加大重点行业产业链供需对接,工信部组织相关行业研究上下游产业建立稳定供货关系、协同应对市场价格波动风险。

从国家基础性战略资源的安全保障角度来看,在目前国际资源战略民粹化抬头的大趋势下,我们希望这种反馈机制是常态化的,因此建议增加常态化的国家铁矿资源供需预警机制,在此机制下,构建科技创新的资源配置体系,以规避未来更大的国际贸易风险。

3. 铁矿石资源的国际合作方向

全球主要的优质铁矿资源长期被巴西淡水河谷公司,澳大利亚力拓集团、必和必拓集团以及福蒂斯丘金属集团所垄断。中国是主要的铁矿石生产国,但长期以来也是最大的铁矿石进口国和钢铁资源消费国,进口铁矿石大多来自澳大利亚和巴西。

在当前国际政治环境下,谋求脱离政治的互惠互利经济贸易合作伙伴关系,应该成为国家铁矿石战略安全的选项之一。2020年,尽管受到新冠疫情的影响,我国仍然累计进口了11.7亿t铁矿石,进口金额高达8228.7亿元人民币,同比增加17.4%,创下历史新高。2021年前4个月,中国铁矿石进口达3.82亿t,同比增长6.7%。这说明,在铁矿石价格上涨的背景下,我国对铁矿石的强劲需求对澳大利亚极具吸引力,澳大利亚仅3月份的铁矿石出口额就高达140亿澳元,创下单月出口纪录,这说明此前一度受阻的对华铁矿石出口完全可以摆脱政治干扰,以利益至上为贸易原则实现对华出口。

截至目前,非洲地区的矿产勘探力度尚不大,此前我国与非洲地区铁矿石的合作并不多,事实上非洲地区的铁矿资源非常丰富,我国完全可以坚定地推行"一带一路"倡议,进一步做实互惠互利,加强同非洲国家的经贸合作,持续扩大对非洲地区的矿产勘探力度,这也将成为国家矿产资源战略安全的重要战略选择之一。

此外,俄罗斯的西伯利亚地区以及乌克兰、哈萨克斯坦等亚欧大陆内部国家,北美的加拿大、南亚的印度,以及欧洲的老牌铁矿石生产国瑞典等,都在铁矿资源禀赋格局中具有一定的影响力,这些国家也都有经济增长的长远压力,考虑到当前的国际合作形势以及未来的国际合作前景,适度开发同这些国家的国际科技合作渠道,增强人员交往和科技合作力度,对保障中国铁矿石战略资源安全将大有益处。

4. 钢铁产业链国内外关键技术梳理

我国是钢铁产能大国,但铁矿石平均品位较低,且有害成分含量高,不利于采选冶,相比于铁矿石产业链下游的应用,上游的采选技术和中游的冶炼技术需求更为迫切。

(1)钢铁产业链上游。在"碳中和"的背景下,传统的铁矿石采选冶技术都有更新升级的必要,目前,全球对于铁矿石的采矿技术正逐渐向数字化及自动化方向靠拢。

国内钢铁产业链上游面临的首要问题是铁矿的复杂难选问题,经过多年的技术实践开发,目前主要形成两种成熟的技术体系:一是余热梯级回收系统。二是高度自动控制系统。通过这两种系统对复杂难选铁矿的高效磁化焙烧,以及热量的多级循环利用,实现铁矿石的有效采选。刘烜和袁波(2019)指出,由自然资源部中国地质调查局成都矿产综合利用研究所提出的"预氧化—蓄热还原—再氧化"悬浮焙烧工艺,适合国内大多数极难选矿石的采选,该工艺首次对悬浮焙烧过程开展系统的热力学、动力学、物相转变规律、不同参数的影响规律等基础研究,为悬浮焙烧工业化工程中热量的循环利用打下了坚实的基础。

国际上,相对领先的钢铁产业链采选技术主要包括以下几个:必和必拓集团对西澳大利亚州铁矿的开发已经开始使用德国蒂森克虏伯集团生产的全球最大的轨道式堆垛机ST-04,该堆垛机逐步将生产能力提高到20 000t/h。俄罗斯联合爱立信公司开始部署可支持LTE/5G商用的专用网络解决方案,为下一代采矿提供所需的智能功能,该解决方案将包括一个涉及语音无线电通信、视频广播、紧急通知,以及采矿设备调度、定位和自主控制的系统。瑞典LKAB公司正采用自动化和数字化的新技术方案解决基律纳铁矿开采深度越来越大的难题,该方案可以对采矿设备实现自动化系统远程控制,结合2021年初启用的安百拓集团(Epiroc)的远程装载系统,将区域装载量从3000t提升至5000t,安装在机器正面和背面的摄像机使得操作人员可以实时跟踪装载进度。

(2)钢铁产业链中游。中游主要是钢铁冶炼技术的提升,传统的高炉炼铁已经融入了较多新技术,如无碳炼铁技术、生物物质炼铁技术等。几种冶炼技术发展前沿介绍如下。

高炉炉顶煤气余压发电技术。由于现代高炉炉顶煤气中含有大量压力能,可以使高炉炉顶的压力达到0.15~0.25MPa,通过高炉炉顶煤气余压透平发电装置(TRT)可以将这些压力能转化成电能,目前,TRT在业界的技术应用已经成熟。它的主要工作原理是,通过透平机的膨胀,促使高炉炉顶的压力能和热能驱动发电机发电。该技术在日本的普及率已达90%,而在中国的普及率不到40%。与国外先进的钢铁生产技术相比,我国的钢铁吨发电量、钢铁吨节水量等技术指标仍存在较大差距。研发和提升TRT技术与装备成为未来的发展方向。

非高炉炼铁技术。非高炉炼铁是世界上先进的炼铁技术,我国目前仍没有完全掌握该技术,在整治和回收、熔融还原等环节仍然迫切需要技术提升。杨婷(2009)认为,对普通铁精矿进行非高炉炼铁工艺的经济性和工艺性尚待进一步研究,例如:在回收非高炉炼铁产生的煤气方面,以及在熔融还原过程中减少对焦炭的依赖方面都需要进一步提升工艺技术水平。我国非高炉炼铁工艺目前采用的是奥地利奥钢联公司开发的COREX技术,但该技术存在一些不足,对矿石原料、铁料、燃料的要求都比较高,需要技术改进。

转炉冶炼纯净钢技术。当前,提高钢水清洁度,即大幅度降低钢水中夹杂物的含量,是世界转炉炼钢的发展趋势。对铁水进行预处理是转炉操作指标提高的保障,可以有效保证钢的质量。从技术层面来讲,在铁水预处理领域具有技术领先优势的是美国和日本,两者不同的是美国的铁水预处理仅为脱硫,而日本不仅脱硫,还包括脱水和脱磷。但相同的是,两国的转炉冶炼纯净钢厂都在吹炼环节配备了转炉试验用的副枪,在工艺中精确控制使用该枪的时间一方面可以保障钢的含碳量(先越蓉,2002;杨婷,2009),另一方面可以在停止吹炼后有90%~95%炉次可以立即出钢。

高效连铸技术。该技术的目的是提高单位时间内优质钢坯的产量。未来中国对此项技术的攻坚将是在确保高效和稳定的前提下提高连铸速度,目前国内的相关企业在炼钢方面的科技创新应加强与国外高技术企业联合攻关,特别是在铁水预处理和二次精炼等方面,通过改进和优化技术流程提高高效连铸工艺技术水平(杨婷,2009),并根据连铸机不同特性与产品质量的关系,实施连铸机专业化分工模式,建立更加合理、高效、稳定的生产流程。

3.1.1.2 铜矿的应用及产业链关键技术梳理

1. 铜金属在产业中的应用

铜是工业化建设不可或缺的材料,也是当前以及未来10～20年内长期紧缺的金属矿产品种。铜广泛应用于建筑业、基础设施建设、工业机械、交通运输业中。虽然铝质电缆、光缆材料及无线通信技术在电机工程、通信行业中对铜实现了部分替代,在建筑中铝合金材料对铜也有一定程度的替代,但是在低压电缆、电动机、发电机、印刷电路板及特殊的保护装置、报警器等行业中铜仍然被大量使用。随着节能环保的电动车、高铁的快速发展,对铜的需求量将更大,当前高铁机车对铜的使用量是传统电力机车的两倍以上,达到2～4t/列。因此,铜具有较为广泛的应用前景(图3-2)。

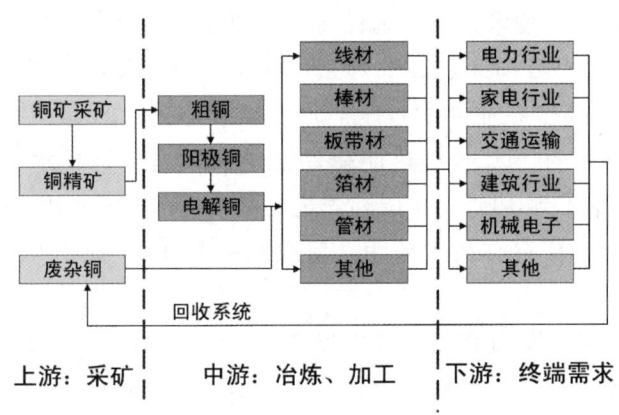

图3-2 金属铜的产业链(网址:https://www.djyanbao.com/category)

我国铜的消费结构与其他国家不同,在我国,铜的下游产业中最大的消费部门是电力产业,近几年电力产业铜的消费占比保持在50%以上。其次,家电和电子通信产业是我国铜消费的第二大领域。与发达国家不同的是,我国建筑行业的铜消费量较小,主要是因为我国进入工业化进程较晚,铝合金及塑料材料在建筑业中对金属铜的替代作用较大。

2. 铜矿的资源战略风险

中国铜资源相对稀缺,铜矿资源的保障程度较低。中国七大铜资源基地中,除江西的铜资源相对充足外,其他铜资源地区均存在基础设施薄弱、生态环境脆弱、开发利用难度大、开发成本高等劣势,短时间内无法大规模开发,储量不足导致产业链中游铜资源的保障程度相当低,短期内尚难以提高下游产业需求的铜矿资源保证程度。

但下游产业发展却不会因为中游铜金属保障程度低而减少对铜的需求。我国铜资源储量与消费量严重不平衡,供需缺口造成铜矿的进口集中度持续处于高位,对外依存度长期偏高。2019年,我国铜金属的对外依存度高达76%,全年消费铜产品占全球铜消费总量的50.3%,是最大的铜产品消费国和进口国,其中大部分消费量来自进口,而且到目前为止,尚未取得铜矿资源获取途径的新突破。

3. 铜矿资源的国际合作需求方向

进口仍是解决中国铜需求缺口的重要途径。目前,我国进口铜矿资源主要来自智利和秘鲁,其中,智利约占35%,秘鲁占27%。澳大利亚也是铜资源出口大国,随着全球铜资源需求量的不断增加(主要是中国铜资源需求的攀升),其矿山铜的产量也在增长,以满足全球市场需求。2020年以来,澳大利亚紧跟美国步伐主动挑起对我国的贸易打压,限制了我国从澳大利亚的铜资源进口。因此,保障国内铜资源战略安全的首选进口目标地区仍然以智利和秘鲁为主。

除了澳大利亚之外,拥有较多铜矿资源储量的国家还有印度尼西亚、俄罗斯和墨西哥等全球主要铜矿资源产出国,如印度尼西亚2019年已探明储量超过5000万t,在世界铜矿资源总量中占比超过5%,这些国家普遍需要发展经济,帮助这些国家有效保持经济增长的预期,可以换取铜矿资源的进一步合作。

非洲也应该成为大力加强合作的对象之一。中国拥有的88个海外铜矿资产中,18个为中国有色集团所有,其中17个位于中非铜矿带。非洲国家普遍地质工作程度较低,如果我国持续加大对这些国家的投资和勘查力度,其铜生产能力和产量将得到进一步提升,由于西方发达国家未来对铜资源的需求将呈下降趋势,短期内非洲自身对铜资源的需求不会出现爆发式增长,因此,充分利用好"一带一路"国家倡议平台,加大在非洲地区的矿业投资,改善非洲地区的基础设施建设,将对国家铜资源保障程度的提高大有裨益。

另外,铜资源二次回收也是保障铜资源战略安全有效的渠道,这是今后国家发展"碳中和、碳达峰"产业的核心科技创新领地。全球二次铜资源占精炼铜的产量比例较高的为欧洲发达国家,这些国家社会铜积累量较高,二次资源占比也高于一般发达国家。事实上,中国的再生铜的行业基本上形成了较为完善的产业体系(卢建,2010)。

4. 铜矿产业链国内外关键技术梳理

我国一直在创新铜的采选和冶炼技术,产业链上游和中游很多技术甚至优于国际水平,铜加工技术也正逐渐实现由仿制到创新的目标。由于我国铜应用主要在电力行业,因此,下游的技术需求主要围绕铜合金方向。

(1)铜产业链上游。目前,全球对于铜的采矿技术创新方向是电动原位地浸技术,选矿技术创新主要集中在优先浮选工艺方面。据刘烜和袁波(2019)介绍,我国四川九龙中咀铜矿选矿主要采用优先浮选工艺。该工艺的特点是,由九龙中咀铜矿研制的铜捕收剂TF-8配合石灰+CFS-3抑制剂组合使用,可以有效抑制易浮黄铁矿,高效分离黄铁矿中的铜、锌、硫,从而获取高品位铜。安徽冬瓜山铜矿在铜精选浮选工艺优化上进行了一系列的技术创新,选铜回收率由原来的86%提高并稳定在现在的88.76%左右。

采矿技术创新之一是由西澳大学引领开发的电动原位地浸技术,该技术试图利用电场而不是挖掘,从坚硬的岩矿石中提取金属。目前该技术尚停留在实验室阶段,但被证明在室温和常压下使用相对环境友好的浸出剂(如氯化铁)浸出铜在热力学上是可行的。实际应用中,该技术能够成功地从一个完整的硫化斑岩铜矿钻孔岩芯样品中提取出铜,西澳大学科研团队希望该技术不仅适用于铜,也适用于其他多种金属。

(2)铜产业链中游。铜产业链中游主要涉及铜冶炼技术和铜加工技术。目前,世界铜冶炼技术主要包括火法冶炼和湿法冶炼。其中火法冶炼是主要的铜冶炼技术,主要针对各种含硫铜精矿和硫化铜矿的废铜进行处理,技术相对较为成熟。湿法冶炼技术一般用于残铜矿采选,主要针对的是氧化铜矿、低品位废铜,以及难选复合矿石等。

当前,火法炼铜在铜冶炼中占主导地位,该技术主要包括闪速、顶吹、底吹和侧吹等铜冶炼工艺(郝荣,2019),其中,闪速熔炼工艺应用最为广泛。中国的火法炼铜技术实力较强,其创新工艺主要体现在底吹和侧吹工艺上。

闪速熔炼技术。国际上最主流的闪速熔炼技术主要有两种:一种是芬兰奥特昆普闪速熔炼技术;另一种是加拿大因科闪速熔炼技术。这两种技术的起源可以追溯至20世纪50年代,目前技术较为成熟。技术精髓体现为在高温反应塔中喷进与空气或氧气充分混合的脱水浓缩粉末精矿,使得硫化物的分解、氧化和熔化在悬浮状态下短时间内迅速完成,混合的熔体落入反应器底部的沉淀池进行收集。硫和炉渣最终形成后,进行沉淀分离。

浸没顶吹熔池熔炼技术。澳大利亚的奥斯迈特熔炼和艾萨熔炼是全球浸没顶吹熔池熔炼技术的集大成者,值得注意的是,中国山西侯马冶炼厂是全球首家成功应用奥斯迈特熔炼和艾萨熔炼技术的企业。而且,山西侯马冶炼厂还对该技术的供料系统进行了技术改进,取消了传统的奥斯迈特吹炉的堰口,一方面使物料能够保持连续和稳定的供应,另一方面还通过打眼排放煤气,降低系统温度,有效节约了燃料,大幅延长了熔炼炉的使用寿命。山西侯马冶炼厂的这项革新技术被中国有色集团采用,目前,由中国有色集团自主完成设计和开发的艾萨熔炼技术已经被广泛应用于金属矿产的国际科技合作中,其关键设备已经全面国产化(郝荣,2019)。在与赞比亚的矿业开发合作中,中国有色集团将自主开发的艾萨熔炼技术应用于谦比希铜冶炼厂的技术流程中。

铜萃取技术。天津市茂联科技有限公司发明了"钴铜合金加工方法"专利技术,通过自行设计的大型无回流混合澄清萃取设备,成功建成了我国最大的铜钴萃取设备。萃取效率为95%,湿法冶金阴极铜品位为99.97%,解决了复杂含钴铜材料加工中的技术问题。

铜加工技术的创新。目前,高精铜材加工的全球领先技术仍然掌握在欧美发达国家手中,受制于这些国家国际科技合作的限制,我国在一般铜加工技术上也有相当程度的创新,目前我国铜加工企业中,在加工技术创新方面比较领先的主要有中国铝业下属的洛阳铜业有限公司以及宁波兴业盛泰集团有限公司和河南金龙精密铜管股份有限公司等(金平等,2015)。我国企业在铜加工生产工艺领域取得的重大突破和自主创新主要包含连续铸造技术、行星轧制技术、连续挤压技术三大技术,据了解,未来中国铜加工业技术的创新方向将主要围绕工艺流程优化来进行,一个是工艺流程中省略热加工环节,另一个是对工艺流程进一步压缩。

(3)铜产业链下游。我国铜产业链下游主要是电力产业,新能源汽车的发展,也将带动铜合金的技术发展,其他技术创新主要有新型催化剂、3D金属打印,以及金属漆包线等。

铜合金技术创新,主要有铜银接触线、铜锡接触线、铜镁型接触线、铜铬锆型接触线、铜包钢型接触线等。铜锡型接触线的技术领先国家是日本和法国,英国和澳大利亚也有部分优势。德国在铜镁型接触线技术上具有领先地位,日本在铜铬锆型和铜包钢型接触线技术上领先。中国在铜合金技术上也有相当的创新实力,据王永鹏等(2009)的说法,中国已经能够按照国际标准生产铜银合金接触导线以及铜锡银合金接触导线,其性能已经能与全球技术领先的德国同类产品相媲美,但也确实存在一些技术不足,如接触导线的平直度仍有待技术提升。

铜应用的其他技术创新。波鸿鲁尔大学和杜伊斯堡-埃森大学开发了一种新型铜催化剂,对原有铜催化剂进行优化,以提高其选择性和长期稳定性,主要用于将二氧化碳(CO_2)转化为化学品或燃料。在激光增材制造领域,瑞典石墨烯材料公司Graphmatech和瑞典乌普萨拉大学证明了铜在3D金属打印方面的潜力,在激光粉末床熔融中常用的波长(金属打印中使用的主要技术)下,纯铜反射了打印过程中的大部分能量,从而导致打印部件的低密度。除此之外,美国和澳大利亚的研究团队发现3D打印冷却过程中会形成柱状晶体,易造成变形或裂纹,但如果加入铜则可以强化3D打印钛合金零部件。2019年12月,澳大利亚墨尔本皇家理工大学在进行3D打印钛铜合金研究时,发现该合金具有完全等轴的晶粒结构,这意味着这种合金能够承受强大的外力,有效防止合金出现裂纹或者变形等缺陷,这为解决钛铜合金3D打印材料结构的稳定性课题提供了非常有意义的探索方向(胡燕萍,2017)。

3.1.1.3 铝土矿的应用及产业链关键技术梳理

1. 铝金属在产业中的应用

铝在现代工业中,地位仅次于钢铁,是用途广泛的、最经济适用的金属材料之一。金属铝已经超过铜、铅、锌等,成为中国乃至世界范围内产量和消费量最高的重要战略性有色金属矿产,在建筑、交通运输、机械设备、包装和电子电气等领域都有着广泛应用(图3-3)。

在电力、建筑等很多传统产业领域,铝作为结构性功能材料,可以被铜、镁等物理性质相近的其他材料所替代,但由于铝价格更低、消费量更大,目前尚无法被经济、足量地替代。中国建筑业的发展带动了对铝的消费,近年来铝消费结构逐渐由建筑行业转向交通运输行业,交通运输行业铝的消费占比呈不断上升趋势,未来还将持续上升,但电力行业的铝消费占比呈下降趋势。

在战略性新兴产业中,铝合金材料不仅使用范围广,而且用量多。例如:在航空航天产业中,铝合金材料占飞机制造材料的50%～80%,在火箭、航天器、导弹等高端产业中也是使用量较大的材料;在新能源产业中,铝空气动力电池也同样被寄予厚望;在节能产业中,大量使用铝合金材料是节能减排的重要举措。

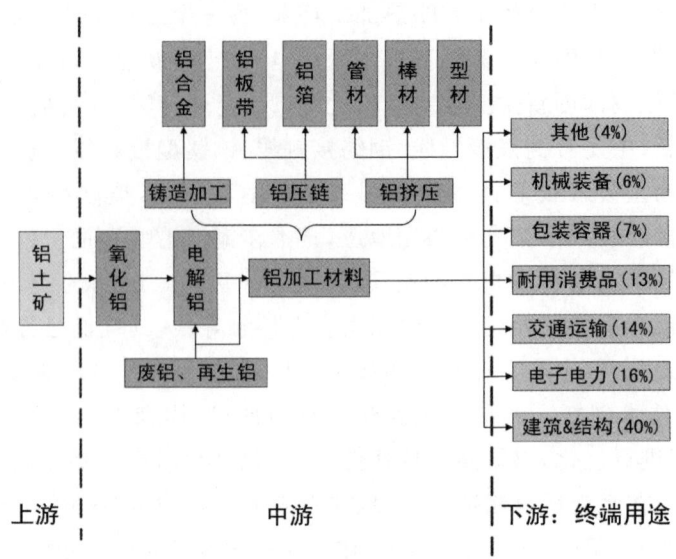

图 3-3　金属铝的产业链(网址:https://www.djyanbao.com/category)

2. 铝产业的发展困境

我国氧化铝生产行业较为发达,在铝产业链中游,中国氧化铝生产工艺成熟,相关产业需求旺盛,产业链完善,氧化铝产量长期稳居世界第一。

在中国氧化铝产业消费的推动下,全球铝业达到了前所未有的繁荣。但是中国铝产业,从上游到下游都面临严重的问题:上游链条中,世界主要铝土矿国家逐步限制铝土矿原矿出口和提高资源税费,客观上造成铝土矿原材料供应失衡;中游链条中,我国对铝土矿的冶炼、粗加工环节比较粗放,氧化铝、电解铝、初级铝制品附加值低,产能严重过剩,环保压力逐年加大;下游高端产业链中,由于人才、资金、设备等存在短板,航空航天等战略性新兴产业急需的高端铝产品技术尚未突破,需大量进口满足新兴产业需要,铝产业转型升级势在必行。

3. 铝土矿的资源战略风险

中国铝资源保障程度低,存在铝土矿过度开发的现象。截至 2019 年,我国已经探明的铝土矿资源量约 10 亿 t,仅占全球的 3%,且多为难以冶炼的一水硬铝石,目前在产业链上游铝土矿开发技术难以有重大突破,在铝土矿地下开采方法尚不成熟的条件下,我国铝土矿开采难度大、开采效率低,实际上当前具有竞争力和可开采价值的优质铝土矿矿石储量仅有 1.5 亿 t 左右,这与我国每年 7000 万 t 的铝土矿开采量极不对称,存在过度开采铝土矿资源的情况,导致资源储量快速衰减。

我国长期以来一直都是全球金属铝资源的最大消费国和最大进口国,铝土矿矿石对外依存度超过 50%,但进口供应不稳。由于氧化铝已经逐渐成为铝金属重要的贸易商品,未来氧化铝贸易量将超过铝土矿成为全球最主要的铝供应形式。因此,铝最大的风险点来自全球主要铝资源国的限制出口。印度尼西亚曾是中国铝土矿最大的贸易国,2014 年曾经限制原矿出口导致中国铝土矿进口量部分减少,可以推测的是,国际形势的未来不确定性增加了越来越多国家加入限制原矿出口行列的风险。

4. 铝土矿资源的国际合作需求方向

全球铝土矿资源总量丰富,铝土矿主要分布在非洲、大洋洲、南美洲及东南亚地区,从国家来看,几内亚、澳大利亚、越南、巴西、牙买加五国已探明的铝土矿储量相加超过217亿t,占世界总储量300亿t的70%以上,且均为分布集中、品质优良的高质量红土型铝土矿,在全球铝原料市场中占据垄断地位。

2016年以前,澳大利亚是我国铝土矿的最大进口国。2016年以后,中国进口铝土矿的最主要来源国是几内亚(2018年占比46%),澳大利亚(2018年占比36%)变成了第二来源国,受2021年中澳对立关系的影响,至少近期应该消减对澳大利亚铝土矿资源的依赖程度。几内亚拥有全球最大的铝土矿资源量,我国从几内亚等非洲国家进口的铝总量和所占比例在近年来都有较大幅度的提升,但几内亚存在矿产勘查水平较低、缺乏大型矿业公司投资、政治经济不稳定等因素。因此对几内亚的铝土矿进口应该提前制定其他替代方案,使进口来源国的成分更加多元化,从而规避集中进口带来的资源供应风险。例如:越南拥有37亿t铝土矿资源,占全球储量的12.33%,居世界第三位,是中国铝土矿资源储量的3.7倍。2019年越南的铝土矿原矿石开采量却仅有450万t,不足中国的1/10。牙买加铝土矿资源储量20亿t,是中国储量的2倍,2019年的铝土矿原矿石产量却只有8900万t,等等。

5. 铝土矿资源的国际合作方式转变

在国际资源合作项目中,传统的"资源开发+矿石贸易"方式存在高风险,资源就地冶炼、加工,就地消费或者进行全球贸易的"资源开发+产品贸易"新模式逐渐成为矿产资源国际科技合作的主要安全方式。因此,中国企业在进行境外资源合作方式上,应该主动谋求变化,积极推行多元化投资(如投资矿山、冶炼),从而形成有效的"市场内部化"。这实际上也是其他金属矿产进行国际科技合作的参考思路。

打造中国跨国型铝业公司是未来中国铝资源稳定供应的必然选择。相对欧洲、美国、日本的企业,中国企业在境外获得和参与的铝土矿资源项目大多矿石品位低、地质条件复杂、储量规模小、基础设施不完善,主要集中于越南、几内亚和俄罗斯等资源大国或生产大国,经营主体主要为中国铝业、中国五矿、中国有色集团等国有公司,民营企业主要有中国宏桥集团、重庆市博赛矿业(集团)有限公司等。未来,中国有竞争力的企业应加大对越南、缅甸、老挝等东南亚国家及西非国家铝土矿开发的投资规模,在全球资源市场已经形成垄断格局的前提下,加入并成为全球资源重要开发者之一。

6. 铝产业链国内外关键技术梳理

铝产业链上游主要以氧化铝开采技术和铝电解技术为主,中游主要集中在铝的加工技术上,铝产业链下游对应的是战略性新兴产业,因此,主要介绍新型铝材料的技术需求。

(1) 铝产业链上游。我国以开采硬铝石型矿石为主,采矿技术主要有拜耳法以及水硬铝石型铝土矿生产砂状氧化铝技术。中国在铝土矿开采技术上有技术领先的传统，2005年的国家科技进步二等奖就曾对生产砂状氧化铝的技术进行奖励。2014年，中国铝业通过完成30万吨拜耳法氧化铝项目，共取得8项专利技术，提高了中国企业在铝土矿开采技术上的全球领先水平，特别是在中低档技术层面上。中国铝业郑州研究院"新型稳流保温铝电解槽节能技术（FHEST技术）"具有领先优势，堪称当前铝电解行业节能降耗的一颗明珠。北京核心动力科技有限公司在原初晶温度测量设备基础上研制的在线测量设备，填补了国内领域空白，可以实现简单测量电解质"三度"（电解质温度、初晶温度和过热度）的目标。

（2）铝产业链中游。铝产业链中游为铝加工，将铝锭通过熔铸、轧制、挤压和表面处理等工艺和流程，生产出铝型材、管材、棒材等挤压材，板、带、箔等平轧材以及铸造材等各类铝材。掌握铝合金成型工艺的国内厂商主要有广东鸿图科技股份有限公司、爱柯迪股份有限公司、广东文灿压铸股份有限公司、深圳市派生科技有限公司、宁波旭升集团股份有限公司。目前，电池锂箔在建项目较少，主要集中在国内几家上市铝企，包括江苏鼎胜新能源材料股份有限公司的5万吨项目、广东东阳光科技控股股份有限公司与日本联合铝业公司（UACJ）合作的4万吨项目、云南铝业股份有限公司的3.5万吨项目以及山东南山铝业股份有限公司的1.68万吨项目，等等。

（3）铝产业链下游。铝产业链下游主要聚焦于航空、汽车等产业需求，以汽车轻量化用铝、轨交用铝为代表的交通运输用铝成为未来我国铝材料产品结构升级的主要方向。目前，最主流的轻量化材料为铝合金材料，2021年铝合金将占据汽车轻量化市场的65%以上。

我国铝质材料的加工技术创新和生产能力在"十三五"以后取得了突飞猛进的进步，现有的加工技术体系已经形成了三代代际体系，在较多铝质合金领域已经具备领先于全球的制造技术水平，其中，具有中国自主知识产权的铝合金主要有新型高强高韧铸造铝合金、第三代铝锂合金和高性能铝合金型材等。此外，北京化工大学在新型铝合金型材制备方面具有不俗的创新影响力，其科研团队在制备和加工含铒弥散强化铝合金技术方面全球领先，它的5个已经被纳入国标的铝合金牌号产品已经在国内众多领域得到大规模产业化应用（管仁国等，2020），部分产品品类更是完成了"卡脖子"目标的突破，实现了对国际同类产品的进口替代。

另外，中国中车股份有限公司与部分高校合作，已经攻克了高性能铝合金型材挤压成型工艺和装备技术，有针对性地开发出了大型挤压模具和设备，彻底解决了铝合金精炼、净化、锭坯均匀化等技术需求。这些铝加工技术的创新将我国铝合金型材的开发周期缩短为原有周期的75%，不仅使得平均生产成本降低了15%，同时大幅提高了铝型材的成品率。除此之外，东北大学和大连交通大学通过联合科技攻关，有效缩短液态和固态铝合金连续挤压的流程工艺技术也拥有全球领先优势（管仁国等，2020），目前在国内的产业化已经初具规模。东北轻合金有限责任公司、西南铝业（集团）有限责任公司、西北铝业有限责任公司已经成为国防军事领域各类先进武器制造材料不可替代的供应商。除此之外，在高强度高导电变形铝合金、汽车铝合金、铸造铝合金等方面，东北大学、上海交通大学、中铝材料应用研究院有限公司、吉林大学等已经达到国际先进水平甚至超过国际平均水平。

在铝合金材料应用方面，到目前为止，我国在汽车领域铝合金板材上的创新已经具备规模化产能，但是，我国能够量产的铝合金材料的牌号并不多，能够成熟生产的铝合金材料主要集中在 6016 和 5182 这两个牌号上。即使如此,仍然足以确保我国在汽车铝合金板材的轻量化方面取得骄人的成绩,管仁国等(2020)认为,由中国铝业股份有限公司主导的汽车轻量化铝合金型材研制创新取得了新的突破,该公司与国内吉利汽车和海马汽车合作开发的 6 系(如 6016)和 5 系(如 5182)汽车铝合金牌号已经得到应用和普及。此外,为了维护国家的正当海洋权益,国家适时提出了深蓝战略,所有深蓝战略急需的大型船舶、海上牧场、钻井平台、发电站和直升机平台都需要铝合金技术的支撑。目前,我国在铝合金 5083、6061 和 6082 这 3 个牌号上已经开始了商业用途,但已经投入使用的大型船舶需要的其他各类铝合金材料仍是空白,我国的铝合金材料开发能力与建造大型船舶实际需要的铝合金材料之间仍有一定的距离,还要进一步增强跨学科的深入合作和研究。在航天领域,我国科技企业也取得了不俗的成绩,按照管仁国等(2020)的说法,中国铝业股份有限公司、北京航空材料研究院、有研科技集团有限公司等相关科研单位在超高强度铝合金、高纯度以及高损伤容限铝合金、铝锂合金、稀土铝合金等合金材料的研发和生产方面拥有核心技术,这些单位在空天领域逐步实现各类铝合金产品国产化的基础上,还开发出了具有国际领先水平的 2124－T351、2024－T851、2024HDT 板材等,特别是开发并批量应用的高强高韧低淬火敏感性 7A85 锻件,将国内铝合金制备技术提高到了一个新的高度。

相比之下,欧美发达国家在铝材料的开发和应用方面拥有更加厚实的研发基础、更加完备的工业生产体系,更重要的是,这些国家铝合金材料的产业技术水平也远超我国。例如:美国和俄罗斯这两个传统工业强国,以其强大的工业生产体系,在铝合金材料开发和应用领域已经实现了产业链的全覆盖,他们不仅拥有开发铝合金材料的强大研发实力,而且在应用方面,也几乎拥有汽车、船舶、航空航天等领域所需铝合金材料的全部牌号。

总体来看,在汽车轻量化方面,美国和法国的企业更具技术优势,他们广泛采用 2 系铝合金的 2036－T4 和 AU2G－T4 铝合金板,其中,美国在车身内板上应用了 X5085-O 和 5182-O 等一些 5 系铝合金材料,在车身铝合金上他们开发了 6 系铝合金的 6009 和 6010 两种牌号。此外,降低汽车板材的成本也一直是国外先进铝加工企业的追求方向。印度的 Novelis 铝业公司研发了 Advanz TM 系列合金 Ac5754R,在减轻汽车重量的同时有效降低了板材的成本,此外,具有优异成形和卷边性能的 AC-170PX 铝合金也是由 Novelis 铝业公司联合捷豹路虎公司合作开发的。

在船舶制造领域,由于铝合金材料具有优良的耐腐蚀性能,加工过程中易于焊接且可塑性强,因此,船壳体和船上建筑的制造往往广泛地采用铝合金材料,其中,5 系铝合金主要应用于船壳体,6 系铝合金主要应用于船上建筑。目前国际上主要使用的还是 5083 合金和其改进型合金。随着技术的升级,部分国家也在逐渐拓展铝合金的牌号,其中,美国、日本、英国主要有 5 系合金(5086、5083 等),俄罗斯的牌号更多,主要包括 AMr6(5A06)系列以及 K48 系列,同时,俄罗斯还有企业能够生产含钪的铝合金(如 01975 系列),这种铝合金的强度极高。

在航空航天领域,高端铝合金材料更是供不应求,与船舶领域不一样的是,现代航空用铝材料必须具备大尺寸和低密度以确保轻量化,同时还必须综合性能优秀,能够实现整体功能结构一体化的需要。目前航空航天领域主要对高强度的 2 系和 7 系合金,以及密度较低的铝锂合金等铝合金材料需求旺盛。在2系铝合金方面，美国和法国的铝业公司开发了2026和2027合金，该系列合金除了具有高强高损伤容限的性能优势之外，相较于2024系列铝合金，其厚度也得到了大幅提高。在7系铝合金方面，美国、法国、德国的铝业公司具有技术领先优势，他们开发的7系铝合金（如7085、7140、7081）韧性超强，且淬火敏感性低。此外，法国铝业公司开发的7056-T79/T76合金属于超高强度的铝合金材料，在A380等超宽超大型飞机的翼壁板制造上表现优异。在铝锂合金的技术开发上，欧美国家也陆续研发出性能优异的合金材料，如1460铝锂合金（俄罗斯）、2097和2197铝锂合金（美国），2050和2198铝锂合金（美国）等，这些新型铝锂合金普遍具有低密度、高韧性和高损伤容限的性能特点。

总之，我国目前还面临着高端铝材料创新性不足，基础性的共性关键技术和精深加工技术研发不足的问题。例如：中国常用的几百个铝合金牌号，我国企业拥有知识产权的较少，相比之下，美国铝业公司在相关领域拥有高达3万项专利。由此来看，我国在三大工业领域都普遍存在着技术短板。首先是汽车领域，我国的铝合金板材存在3个主要问题：①汽车用铝材料难以满足汽车制造的个性化需求，主要原因是我国的汽车用铝合金普遍缺乏自主知识产权，在高端汽车用铝材料上，距离实现系列化的目标仍较远。②缺乏高水平汽车板材应用技术领域的研发平台，由于我国的汽车企业普遍存在技术代差，因此，在铝材料的先进成形、异种材料连接、低成本环保零部件制造等方面难以实现赶超，在材料表面处理方面同样如此。③缺少基于技术创新应用的实践平台，所有的铝合金材料创新开发最终都要应用于汽车配套的研发，目前我国汽车行业主攻新能源汽车的研发，但普遍存在技术短板，比如车身结构和动力传动系统的开发上仍显技术储备不足，这与我国企业在铝材料研究上的起步较晚有关，因此后续仍需要大力提升铝材料技术开发上的基础性原始创新能力，力争突破技能限制，建立我国新能源汽车用材的国际标准。

我国在船舶应用的铝合金材料领域，目前主要面临着两个技术难题：一是船舶用铝合金品类较少，较多牌号依赖进口。相较于国外同牌号的铝合金板材，我国生产的铝合金材料在综合性能和质量稳定性方面存在明显短板。二是铝合金的焊接技术仍不过关，这极大地限制了我国深蓝战略的实施和保障。此外，在航空航天领域，由于我国起步较晚，在铝合金基础理论上的创新不多，大多数新型铝合金的开发技术需要向国外先进同行学习，同时在铝合金材料开发和应用技术上同样受限，目前多数的技术利用和技术跟随仍处于模仿阶段，我国自主生产的铝合金材料与进口的高端航空材料相比，在质量稳定性和成本控制两方面尚存在较大差距。

3.1.1.4 紧缺型大宗金属矿产应用小结

紧缺型大宗金属矿产存在以下特点：①资源禀赋较低，但消费需求量位居全球第一，资源进口受制于人，易受进口国家政策调整影响。②产业上游资源开发技术突破难度大，存在资源过度开采及浪费现象。③产业中游产品技术附加值低，存在产能严重过剩的矛盾。④产业下游高端产品主要依赖进口，技术跟随难度越来越大。

3.1.2 紧缺型战略性新兴产业金属矿产

3.1.2.1 锂矿的应用及产业链关键技术梳理

1. 锂金属在产业中的应用

锂金属几乎应用于战略性新兴产业中每一个领域（王秋舒和元春华，2019；熊盛青和徐学义，2023），锂的化合物广泛应用于玻璃陶瓷工业、冶炼工业以及空调、医药、铸造等工业领域（图 3-4）。包括中国在内的世界各国对新能源汽车行业的高度关注和对储能技术的膨胀需求，无疑将催生全球对锂资源的需求竞争。

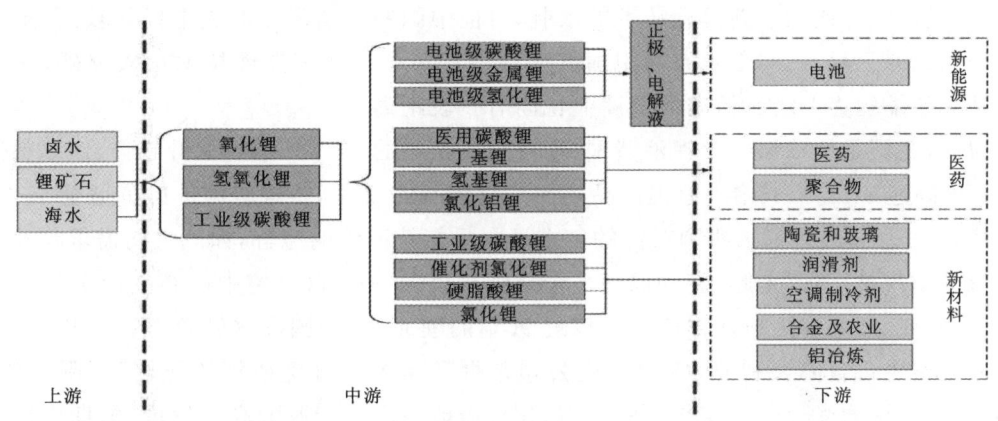

图 3-4　金属锂的产业链（网址：https://www.djyanbao.com/category）

在锂产业链中游，全球碳酸锂的贸易集中度较高，资源禀赋大国（智利、阿根廷等）生产初、中级产品，通过贸易流向电子产品制造大国（中国、韩国、日本、美国等）。2017 年我国各行业碳酸锂需求所占百分比分别为：锂电池 42%、陶瓷和玻璃 31%、锂基润滑剂 4%、空气处理 3%、其他 20%。

锂产业链下游中最主要的应用方向是电池类产品。2015 年以来的全球可充电类电池产品中，含锂产品的消费量占比首次超过了陶瓷和玻璃类产品的消费量，特别是在我国，在大力发展新能源汽车的大背景下，电池领域锂消费占比只会更高。据统计，2015 年我国对含锂可充电池的消费总占比已经达到约 70%。锂电池主要可分为动力锂电池、3C 数码锂电池、储能锂电池三大类。其中，动力锂电池主要应用于新能源汽车，常见的为磷酸铁锂电池和三元电池。3C 数码锂电池主要为钴酸锂电池，目前主流的消费类电子产品全部需要 3C 数码锂电池作为电源。储能锂电池在电网储能、基站备用电源、家庭光存储系统等领域应用较多。目前，磷酸铁锂电池和以钛酸锂为负极的锂离子电池得到了广泛使用。

随着新能源汽车产销量的不断攀升，动力电池发展迎来黄金期，目前锂电池成为全球锂的最大消费领域。2022 年全球电动汽车锂电池需求量超过 325GW，比 2017 年增长 3.7 倍。我国 2017 年动力电池出货量为 44.5GW，同比增速 44%。新增动力电池装机量 36.4GW，同比增长29%。动力电池产值达725亿元,同比增长12%。2020年中国动力锂电池市场规模高达650亿元,动力锂电池出货量80GW,同比增长12.7%,即使有新冠疫情的影响,2020年较2019年仍有所提升。

2. 锂矿的资源战略风险

我国锂资源探明储量为649,104t,居全球第三位,占全球储量的11.6%。尽管我国锂资源丰富,但供应能力较弱,生产成本高。中国的锂金属主要提取自盐湖锂、锂云母和锂辉石3种资源,其中,盐湖提锂是主要来源,约占70%左右,而从锂云母和锂辉石中提取锂的份额相对较少,分别占24%和6%左右。需要说明的是,在盐湖锂资源储备方面,青海柴达木盆地的察尔汗盐湖和东台吉乃尔盐湖是中国主要的盐湖锂资源提取基地,但由于这两个盐湖含镁量较高,受高镁锂比的盐湖提锂技术的限制,目前中国的盐湖锂提取成本仍然较高(王秋舒和元春华,2019)。尽管2021年6月中国五矿已经宣布取得盐湖提锂技术重大突破,并将生产周期从2年缩短为20天,但离完全商业化尚有一段距离。

目前,我国是全球第一大锂消费国,消费量占全球的47.3%且呈上升趋势,锂原料供应对外依存度高达84.5%,其中进口锂产品主要来自碳酸锂,2020年碳酸锂进口量增至45 380.3t,同比增长率达55%。未来我国对锂的需求还将呈持续上涨的态势,如此大的需求量及供应缺口极容易出现被别国"卡脖子"的局面。全球锂矿资源70%以上集中分布在南美"锂三角"地区,澳大利亚、智利和阿根廷供应了全球近90%的锂原料,中国卤水锂资源主要进口自智利,矿石锂主要进口自澳大利亚,我国锂业公司掌握了境外部分优质锂资源,但国际话语权弱。当前,全球锂资源尚处于供需平衡的状态,随着新能源汽车产业的高速发展,短期内锂资源需求会持续快速上涨,导致中期内锂的供需将处于紧平衡状态。

2025年我国新能源汽车产量预计可达700万辆,有逐渐替代内燃机汽车的趋势,这将极大推动动力锂电池需求的增加。建议在加强境内锂资源的勘查投入和关键性提取技术科技研发的同时,更好地统筹国内国际两个大局,有的放矢地参与全球资源配置,依托境内、境外的优良锂资源实现跨区域联合发展的健全产业链建设,在全球重点矿区建立境外资源产业基地,促进国家战略性新兴产业发展。

3. 锂产业链国内外关键技术梳理

由于目前全球锂矿的资源供需格局较为平衡,因此,锂金属国际科技合作需求方向更多地体现在锂产业链的关键技术层面,其中,上游主要涉及提锂技术,中游主要涉及锂电池材料制造和锂金属回收技术,下游主要涉及提升锂电池能量密度问题。

(1)锂产业链上游。目前,国内外锂的提取技术主要有矿石提锂和盐湖卤水提锂两种。从矿石中提取锂主要有硫酸法、混合硫酸盐焙烧法、氯化物焙烧法和石灰石焙烧法等,目前中国70%的锂原料仍然主要依赖矿石提锂来满足生产需求。而从盐湖的卤水中提锂主要包括以下几种技术:沉淀法、溶剂萃取法、离子交换吸附法、碳化法、煅烧浸取法等技术(李东星,2019),相比从矿石中提锂,盐湖卤水提锂技术具有显著的成本与资源优势,因此成为未来提锂技术的发展方向。

第 3 章　金属矿产的应用需求及产业链关键技术梳理

我国矿石提锂的产能规模每年大约在 1.7 万 t,是全球矿石提锂的主要产能地区,其中最大的矿石提锂生产商是四川省射洪锂业有限责任公司,该公司每年碳酸锂的总产能可以达到 5000t,并且掌握着电池级碳酸锂的核心技术。

盐湖卤水提锂方面。我国的盐湖卤水提锂技术居于全球领先行列。其中,中国科学院青海盐湖研究所马培华团队利用电渗析技术,通过单级或多级电渗析装置浓缩含锂浓盐水,并利用选择性离子交换膜回收锂,获得高锂低镁盐水。然后通过深度除杂、精制浓缩、干燥等工艺制备碳酸锂。该技术解决了从高镁和锂盐湖卤水中分离镁等杂质的问题。

中国地质科学院是国内少有的拥有盐湖提锂核心技术的科研单位,针对西藏扎布耶盐湖锂资源和青藏高原特殊的地理环境,中国地质科学院盐湖与地热水资源研究中心郑绵平院士开发了淡水浸取选矿技术,通过将工艺优化为擦洗、分离、水浸、碳化、热解的流程(陈念等,2014),实现从盐湖中提取和生产碳酸锂的目的。该技术不仅简化了原来的工艺流程,而且使生产成本大为降低,生产出来的碳酸锂产品的质量也较原有技术更高,有效增加了资源的利用效率,使碳酸锂精矿的品位提高到 76.86%,对锂金属的二次回收率也提高到了惊人的 72.91%。

中信国安集团有限公司在提取碳酸锂方面也拥有核心技术。该公司应用煅烧浸取法提取碳酸锂,将含锂水氯镁石饱和卤水等原料通过提钾、提硼的工艺后,再通过喷雾干燥、煅烧、加水洗涤、蒸发浓缩及沉淀等流程,使得镁锂从高镁锂比盐湖卤水中分离出来,从而得到优质的碳酸锂(陈念等,2014),同时还得到高纯氧化镁及其副产品工业盐酸。

但以上这些技术均存在生产周期较长的弊端。2021 年,全球至少有 3 家机构宣布取得技术新突破,大大缩短了盐湖卤水提锂周期。其中,2021 年 5 月,加拿大宣布成功优化离子交换盐湖提锂的实验室工艺,缩短了从盐湖中提取电池级锂产品的时间并提高了回收效率,该过程成功地将关键金属杂质减少 99%。实验室测试显示,从艾伯塔省卤水中提取锂的时间不到 10min 即可达到 92%,从而大大减少了完成锂提取循环所需的时间。2021 年 6 月,我国五矿盐湖有限公司也宣布获得盐湖卤水提锂技术重大突破,成功攻克原始卤水高效提锂工艺技术,使产能提高 1.5 倍,"三废"零排放,总体成本下降 10% 以上,将原来 2 年的生产周期缩短到 20 天。2021 年 6 月,沙特阿卜杜拉国王科技大学的科研团队与中国赖志平团队合作,在《能源与环境科学》发文称开发了一种从海水中提取高纯度锂的系统,他们采用了一种含有锂、镧、钛氧化物陶瓷膜的电化学电池,从海水中有效提取锂离子,可以将成本降低到提取 1kg 锂仅需 5 美元。

(2)锂产业链中游。锂金属产业链下游最主要的应用方向是锂电池,相应地,锂电池材料成为锂产业链中游的主要应用领域。锂电池材料主要包括各种正极材料、负极材料、电解液、隔膜等。

正极材料是决定锂电池性能的关键材料之一,其性能直接影响锂电池的能量密度和性能。国内生产锂电池正极材料的"领头羊"企业有深圳市当升科技有限公司、宁波杉杉股份有限公司、深圳格林美股份有限公司、厦门钨业股份有限公司等。国际上具有技术领先地位的企业主要有比利时优美科(Umicore)公司、日本日亚化学(Nichia)公司、韩国 L&F 公司,但 L&F 公司的锂电池正极材料不对外销售,其主要客户是韩国企业。

负极材料是锂离子电池储存锂的主体(张曼,2020),往往决定了锂电池的首次效率高低和循环使用的寿命等性能。目前,国内有不少企业的主营业务与负极材料有关,其中,具有技术领先地位的主要有深圳市贝特瑞新能源材料股份有限公司、宁波杉杉股份有限公司、上海璞泰来新能源科技股份有限公司等。国际上具有技术领先地位的企业主要有日本的日立化学研究中心和松下电器产业株式会社以及韩国三星集团等。

锂电池结构中,内层组件中隔膜是最关键的核心部件,这不仅是因为隔膜直接决定了电池的内阻大小和界面结构布局,更是因为隔膜的性能直接决定了电池的容量、循环,以及电池自身的安全性能等。目前国内主要有沧州明珠塑料股份有限公司、深圳市星源材质科技股份有限公司、恩捷股份等企业在高端隔膜制造上占有一席之地,但总体来看,尽管上述企业的高端隔膜已经实现了部分进口替代,但准确地说国内在动力电池隔膜技术上并没有实现完全突破,国际上在这方面具有领先技术优势的企业仍是日本的企业,包括日本住友集团、日本轻金属株式会社等。

锂电池电解液也是动力电池不可或缺的核心组成部分,作为动力电池中离子传输的载体,锂电池电解液在电池的正、负极之间起着传导离子的作用,是锂离子电池获得高电压、高比能等优点的保证。国内在此领域拥有领先优势的代表公司有深圳新宙邦科技股份有限公司、江苏国泰国际集团股份有限公司、宁波杉杉股份有限公司等,其中,新宙邦更是具有锂电池电解液国际领先优势的龙头企业。国际上具有技术领先优势的企业包括日本三菱化学公司和韩国 Panax-Etec 公司等。

(3)锂产业链下游。下游主要是锂电池的开发和利用,主要是要解决锂电池高能量密度与安全性之间的矛盾,并降低锂电池成本。林小春(2017)认为,未来锂电池能量密度将由目前的 300Wh/kg 左右逐渐升级到 600Wh/kg 左右,其技术升级路线将主要围绕负极材料和正极材料的更新换代:第一阶段是当前能量密度维持在 300Wh/kg 左右阶段,目前市场上的锂电池负极大部分用的是石墨,而正极材料一般会采用钴酸锂、磷酸铁锂和高端三元材料。第二阶段是能量密度达到 400Wh/kg 左右阶段,在此阶段,以硅作为负极的三元锂电池将成为主流。第三阶段是能量密度达到 500Wh/kg 左右阶段,在此阶段锂将成为电池的负极材料。第四阶段是能量密度达到 600Wh/kg 或更高一点的阶段,在此阶段,电池的负极仍然是锂,但是正极材料将换成硫。

突破锂电池能量密度的技术主要是解决超长续航、安全性、降低成本的问题。全球科研团队正围绕这些核心技术难题寻求解决方案。2020 年,中国科学院物理所研发的全固态动力电池技术,解决了动力锂电池高能量密度与安全性之间的矛盾,突破了动力电池低温瓶颈等问题。2019 年,澳大利亚迪肯大学使用一种常见的商用聚合物来制造固态电解质,可以使锂离子电池能量密度翻倍,能量峰值达到约 500Wh/kg。美国宾夕法尼亚州立大学研究人员开发出一种自热镍结构的锂离子电池,可以在较高的温度下充电,有望 5min 内为电动车提供足够电力。韩国首尔汉阳大学研发出一种锂金属电池,采用改性有机电解质,在锂负极表面形成稳固的固态电解质界面层,支持快速充电,同时提供高能量密度。美国哥伦比亚大学通过在金属锂和电解质之间植入氮化硼纳米涂层,可稳定锂离子电池中的电解质,从而降低电池短路的风险。日本东北大学开发出一种新的复合氢化物锂超离子导体,该导体通过将锂金属作为全固态电池的阳极材料,生产出的全固态电池的能量密度高出现有同类产品。美国堪萨斯大学正在研发锂氧电池,这种电池比锂电池组能量密度高10倍,但目前处于实验室研究阶段。英国克兰菲尔德大学正在研发高能量密度车载锂硫电池,该技术对环境的危害性较小,可利用绿色、低能耗工艺实现量产。英国剑桥大学正在研制更快速充电的铌钨氧化物负极电池,以保证安全、超快速地充电。美国雪城大学正研发全固态铝离子电池的制造,以一种新型固体电解质替代目前铝离子电池中的液体电解质,取代锂电池。南京理工大学与美国加州大学圣地亚哥分校合作首创结构设计和调控方法,在水钠锰矿层状结构的基础上,成功制备出的层状纳米正极材料兼具大层间距与高钠离子含量,有望以低成本钠离子电池取代锂离子电池。韩国淑明女子大学采用人工光合性催化剂开发出锂空气电池,其能量密度比锂电池高2～3倍。

锂电池应用技术热点分析。锂电池主要用于动力电池,其次是3C数码电池和储能锂电池,未来新能源汽车将推动动力电池需求的进一步增长。因为动力电池产品的安全性、能量密度等各项性能是由正极材料直接决定的,因此,锂电池正极材料的开发技术将决定锂电池产业的未来。目前,正极材料的两种主流技术包括三元高端复合材料和磷酸铁锂两种。其中,磷酸铁锂正极材料是我国过去主推的锂电池技术,而三元高端复合材料做电池正极的技术主要由日本和韩国长期主导,相比磷酸铁锂正极材料技术,该项技术具有明显的成本和技术优势,近两年随着新能源汽车行业的发展,我国也开始逐步重视三元复合材料行业的发展,且发展速度很快。未来国内在技术创新、产业整合以及区域合作方面,将形成如下技术热点。

热点一:磷酸铁锂电池的未来仍可期待。针对磷酸铁锂电池存在的能量密度上的短板,国内企业正在不断提升磷酸铁锂能量密度。目前,合肥国轩高科股份有限公司已经研发出单体能量密度190Wh/kg的磷酸铁锂电池,成组后的系统能量密度也有160Wh/kg,尽管距离三元复合材料电池单体动辄250Wh/kg以上能量密度、系统170Wh/kg甚至180Wh/kg能量密度仍然有差距,但技术增长尚有空间。宁德时代新能源科技股份有限公司(简称宁德时代)已经利用独创的Cell to Pack(简称CTP)无模组技术研发出了大容量、高安全性的磷酸铁锂动力电池,而且已经于2020年下半年装载到特斯拉低配版Model 3上。2021年6月23日,湘潭电机股份有限公司在其120t级纯电动交流传动矿用自卸车上安装了宁德时代的新型磷酸铁锂动力电池,并正式下线试运行,成为全球首台搭载磷酸铁锂动力电池的矿山高吨位自卸车。此外,国内北汽新能源的EU5、蔚来汽车的ES6、哪吒汽车的NO1以及威马汽车,都已经在采用宁德时代的CTP技术磷酸铁锂动力电池,因此,利用磷酸铁锂技术生产动力电池的未来仍然值得期待。

热点二:高端阴极材料技术突破。云南省先进电池材料重点实验室依托昆明理工大学开展锂离子电池及其关键材料的研究,开发了锂离子电池的阴极材料制备和管理等核心技术。"十三五"期间,该实验室在开发长寿命高镍阴极材料方面取得了新的突破,大大提高了高镍阴极材料的循环稳定性。北京大学夏定国教授的团队研究了新型高比能锰基阴极材料,突破了掺杂、包覆和纳米形貌等传统改性方法的局限性,将$LiMO_2$与单层Li_2MnO_3相结合,制备了具有O_2结构的锰基富锂阴极材料,这是国内外报道的比能量密度最高的锰基锂阴极材料,它突破了国外专利对层状锰基富锂材料(O_3结构)的限制。

热点三：湿法隔膜技术。随着锂电池的快速发展和电池能量密度的提高,对高端三元复合材料的需求将迅速增长。2016年以来,国内部分企业加大了湿膜技术的生产能力,代表性企业主要有湖南中锂新材料有限公司、苏州捷力新能源材料有限公司、重庆恩捷纽米科技股份有限公司、上海恩捷新材料科技股份有限公司、辽源市鸿图办公信息科技有限公司等。目前来看,国内湿法隔膜技术的全面突破尚待时日,原因是全球锂电隔膜产能60%以上集中在美国、日本、韩国的公司,国外企业的技术壁垒和渠道限制将对我国企业的市场规模产生一定的挤压,但从另一个层面来讲,由于高端湿法隔膜市场供不应求,国内企业一旦实现技术创新突破将彻底实现进口替代。

热点四：锂电池回收。锂电池的回收利用需要较高的技术门槛,从某种程度上来说,回收利用的水平将决定着未来新能源汽车能够走多远。目前的锂电池回收技术主要有两种：湿法冶金与火法冶金,二者均能够一次处理大量电池。前者使用大量有机及强酸碱溶剂,废液排放易造成二次污染,仅回收含钴或镍的电池才具经济效益,代表厂商包括深圳绿能环保建材科技有限公司、美国 Retriev Technologies 公司以及深圳格林美股份有限公司等。后者经由高温热处理会排放有毒气体,因此需要昂贵的空气清净设备,代表厂商有日本 JX 日矿日石金属株式会社、比利时 Umicore 公司、瑞士 Glencore 公司等。近年美国能源部建立锂电池回收中心提倡直接回收法,新颖技术仍在开发阶段。目前,我国已经建立起全球仅有的锂电池封闭循环产业链,多家企业诸如深圳格林美股份有限公司、浙江华友钴业股份有限公司、江西赣锋锂业股份有限公司、深圳比亚迪股份有限公司等既是主要的锂电池材料供应商,又主导着锂电池材料的回收循环再利用。国内最大规模的动力电池回收利用合作要属深圳比亚迪股份有限公司、珠海银通新能源有限公司等16家企业和中国铁塔股份有限公司的结盟,这种结盟有助于取得锂电池回收关键技术的突破,通过整车厂、电池企业、材料企业、梯次利用企业、回收企业之间相互合作,促进锂动力电池产业链的互利共赢。

3.1.2.2 镍矿的应用及产业链关键技术梳理

1. 镍金属在产业中的应用

镍被广泛应用于关系国计民生发展的重要领域,如冶金、化工、机械、航海、军事等领域,是制造不锈钢、高镍合金钢等材料的重要原料,是国家重要的战略物资。从工业上看,镍金属产业链的下游应用主要是不锈钢制造和镍合金制备,此外,在电池和电镀领域也有广泛应用(图3-5)。

首先,镍消费需求最大的是不锈钢领域,我国不锈钢行业对镍的消费占比高达85%左右,这一趋势仍将保持较长时间。其次,镍合金是镍的另一主要消费领域,航空航天和石化机械等行业对镍合金的需求较多(张邦胜等,2020),例如：镍基合金多用在航天发动机、船舰燃气轮机,车涡轮增压系统等领域。目前,电池行业用镍增长明显,消费占比已经达到了9%的水平,后面这个领域的消费需求仍将保持稳定增长态势。

部分金属对镍有替代作用,但替代会导致成本升高或者产品性能降低。其中,铝镀层钢板和塑料可以在建筑、交通运输的有限范围内替代镍不锈钢。不含镍的特种钢在发电、石化、

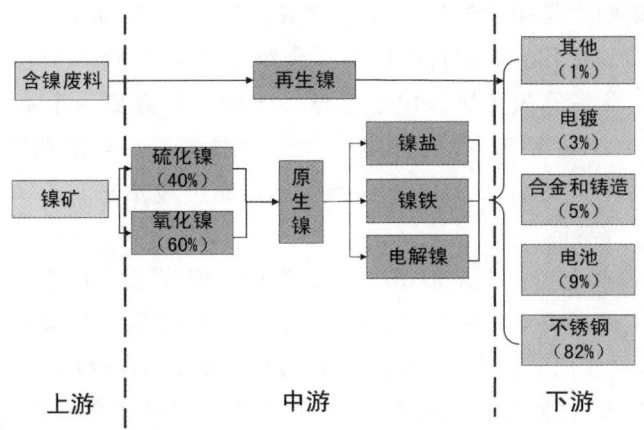

图 3-5　金属镍的产业链（网址：https://www.djyanbao.com/category）

石油工业中有时可以替代含镍的不锈钢。在高度防腐的化学环境中，钛合金或者特殊塑料可以替代镍金属或者镍基超级合金。

2. 镍矿的安全战略风险

随着国内不锈钢工业和新能源电池的不断发展，我国镍消费量逐年上升，但国内镍产品产量远低于需求，造成供需紧张。我国硫化镍矿产资源的深埋条件制约着产业链的上游。工程地质环境极其复杂，运行成本高。外国公司电解镍的成本通常低于 4.4 美元/kg，我国镍的生产成本约为 5.5 美元/kg，这在一定程度上限制了我国镍精矿产能的增长。中国是全球精炼镍第一消费大国，占全球用量的 50% 以上，与此对应的是，中国镍资源短缺，对外依存度高达 87%。由于我国 80% 以上的镍用于不锈钢的生产，多年来快速工业化的过程使不锈钢需求量剧增，从而带动了镍的消费，中国镍消费量的变化主导着全球镍消费量的变化。未来中国对不锈钢的需求依然呈现上升趋势，到 2025 年，中国的不锈钢产量将平稳保持在一个较高水平。不锈钢平均生命周期为 15～25 年，20 世纪 90 年代末的大量不锈钢已达到或即将达到生命周期，废不锈钢回收也将迎来一个高潮，但是就目前来看，未来 10 年内，废不锈钢的大规模回收并不能对镍消费产生决定性影响。

中国镍资源后备不足，已有矿山镍产量不足以支撑国内镍需求。需求缺口主要通过进口弥补。目前，进口主要来自东南亚的菲律宾、南太平洋的印度尼西亚和新喀里多尼亚，进口国家数量较少。此外，镍是一种稀缺的、不可再生的资源，如果供应主要原材料的国家加大对原材料出口的禁令或限制力度，我国镍资源的供应与需求将更加不平衡。

3. 镍矿资源的国际合作需求方向

全球镍资源储量十分丰富，2020 年，世界镍的探明储量已经达到 8900 万 t，其中 70% 的储量由巴西、俄罗斯、澳大利亚、古巴和菲律宾等国家占据。其中印度尼西亚、澳大利亚、巴西拥有的镍资源分别占世界的 24%、23%、12%。全球镍矿储量排位靠前的主要有五大矿区：第一个是加拿大的萨得伯里镍矿区，第二个是俄罗斯的诺里尔斯科镍矿区，第三个是澳大利亚的卡尔古利镍矿区,第四个是印度的尼西亚苏拉威西岛镍矿区,第五个是菲律宾的巴拉望岛镍矿区(张邦胜等,2020),因此,镍矿资源的国际合作方向应该逐渐调整到俄罗斯、菲律宾、印度尼西亚、巴西等镍矿资源富集地区。由于全球红土镍矿资源更为丰富,且开采成本相对低廉,因此,应该重点关注。近年来,我国许多行业企业加大了对东南亚等地红土镍资源的投资,还成立了亚洲与太平洋地区红土镍矿合作组织,成员包括来自亚太地区的国家和地区(李晓坤,2012)。

2007年,我国在镍产业链的上游取得了采矿选矿冶炼等工艺的重要进展,发明了镍铁工艺,使得东南亚的红土镍矿需求量大增,但在产业链中游仍以生产初级品为主,尚不能完全满足下游用户对镍产品多样化的需求,从而在国际市场上缺少话语权。因此,通过技术进步促进产业升级,开发高技术、高附加值的镍产品,将是未来国际科技合作的主要方向之一。

此外,通过国际科技合作提高镍二次回收率达到缩小镍资源缺口的目的,也是未来镍资源国际合作的重要方向。我国不锈钢及合金工业回收镍的利用率只有18%左右,而欧美发达国家和日本对回收镍的利用率非常高,达到了80%。未来,动力电池的废旧量将越来越多,国际汽车工业已经明确要求中国的材料和电池制造商回收利用废旧电池。如果通过合作提高回收效率,全球镍供应结构将得到显著改善。

4. 镍产业链国内外关键技术梳理

镍产业链上游的采矿和选矿会根据混合矿种的不同采用不同的技术,但都不外乎浮选工艺的改进,这里不做介绍。中游的冶炼技术较为成熟,且我国在镍冶炼技术上具有领先优势,但在下游的产业应用领域技术仍较为落后,特别是在新能源电池领域和航空航天的镍基高温合金领域。

(1)镍产业链中游。镍产业链中游的技术涉及镍的冶炼,主要包含火法工艺和湿法工艺,其中,火法工艺主要针对含镁量较高的镍矿石,回转窑干燥电炉熔炼法是主要的冶炼技术手段(刘继军等,2011)。湿法工艺主要是加压酸浸法,常压酸浸法是红土镍矿冶炼较为热门的技术。

回转窑干燥电炉还原熔炼法。这是目前国内外应用最多的生产技术,主要处理硅酸盐型和褐铁矿型氧化镍矿,其产品为镍铁。该技术工艺适应性强、流程短、镍回收率高,中宝滨海镍业有限公司和中国镍资源控股有限公司,以及中国有色集团达贡山(缅甸)镍冶炼厂都采用的是此项冶炼技术(刘继军等,2011),此外,印度尼西亚的波马拉(Pomalaa)镍业公司、乌克兰的波布日斯科(Pobuzhsky)镍铁厂、新喀里多尼亚的多尼安博(Doniambo)镍冶炼厂也是采用的该技术。2021年6月19日,金川集团股份有限公司(简称金川集团)启动了镍火法系统集成创新改造项目,该技术是金川集团自主创新的国际先进技术,可使系统产能提高30%,综合能耗降低40%,烟尘量降低20%,真正实现高端化、绿色化、智能化生产。中国恩菲工程技术有限公司首次将该技术在金川集团进行工业化应用,进一步实现了装备规模化、生产自动化、产品高端化。

加压酸浸法。加压酸浸法起源于古巴的毛阿,后经澳大利亚多家企业的发展,目前该技术已成为处理红土镍矿的主流工艺。加压酸浸工艺比前述火法工艺的成本更低、能耗更小,而且工艺进程中无任何废气排放,有效减少环境污染,此外,该技术还能够实现镍和钴的综合回收,使镍和钴的回收率达到90%以上,该技术还可以相对经济地处理含镍1.3%以上的低品位矿石。北京科技大学王成彦教授和眉山顺应动力电池材料有限公司通过技术创新,共同开发了硝酸加压浸出技术,研发了褐铁型红土镍矿硝酸加压浸出等新技术,实现了镍、钴、钪资源化高效利用,金属回收率高、处理成本低、对环境影响小。

常压酸浸法。常压酸浸法是红土矿处理工艺中非常成熟的技术,目前涉及红土矿处理时一般会选择该技术方法,主要的原因是该方法具有工艺操作简单的优点。此外,常压酸浸法还具有能耗低、投资少、操作条件易于控制等优势,在分离出镍的过程中还可以综合回收钴金属元素。目前,常压浸出技术还存在部分技术难点尚未得到完全解决,例如:液固分离时间长、浸渣中镍含量仍较高等(刘继军等,2011)。

(2)镍产业链下游。镍主要应用于不锈钢产业,但在新能源电池和耐高温合金方面的应用将成为镍产业链下游的主要技术发展方向。首先来看新能源电池方面,镍通常被认为是高性能锂电池的最佳正极材料。主要的原因是以镍为正极的高镍锂电池具备高电压的优势,相比其他正极材料,高镍锂电池的能量密度可以高出2倍,这能够改善电动汽车锂电池的续航里程问题,使每次充电的时间更短,续航里程更长,同时还能够减轻车辆的重量。目前单晶体镍正极材料正在积极推动商业化。此外,由于镍能以最高的回收率循环利用,相对于其他电池技术,含镍动力电池具有明显的可循环利用的可持续性优势。

镍基合金主要应用于航空航天领域的超高热材料方面,镍及镍合金是至今世界发现并应用的耐高温强度最好的材料,而中长期内出现可以超过以镍为材料制作耐高温制品的替代金属的可能性很低。目前新材料领域的先进国家如美国、俄罗斯等都以镍为基础进行高温合金材料的制作。全球主要的高温镍合金材料生产企业主要集中在美国、英国和日本3个国家。其中,美国高温镍合金材料的研发技术和应用技术一直处于国际领先水平。英国是欧盟国家中高温镍合金研发和生产的主要代表。而日本则在镍基单晶高温合金、镍基超塑性高温合金等方面取得了较大成果,以TMS系列镍基单晶高温合金为代表的第四代、第五代单晶合金就是由日本国立材料研究所研制的。

目前,我国几乎不可能获得高温镍合金材料研发和应用技术方面的国际科技合作机会,开发镍基耐高温合金材料必须依赖自主创新。我国在此方面从事技术研发的单位主要包括:北京钢研高纳科技股份有限公司主要进行对高温合金及制品、变形高温合金及制品,以及新型高温合金材料等的研发;沈阳中科三耐新材料有限公司主要从事高温合金母合金及制品的研制,而高温合金母合金以镍基高温合金为主;抚顺特殊钢股份有限公司专门生产军事用途特殊钢;陕西炼石有色资源股份有限公司在镍基合金耐高温材料领域的技术优势明显;中国科学院金属所研制了我国第一代抗腐蚀单晶高温合金DD8,主要用作舰艇发动机涡轮叶片材料,中国科学院与北京航空材料研究院合作研制的第二代单晶高温合金DD5叶片将在先进航空发动机上试车。

3.1.2.3 钴矿的应用及产业链关键技术梳理

1. 钴金属在产业中的应用

因为具有耐高温、耐腐蚀、高强度和强磁性等特点,钴在航空航天、机械制造、石油化工、陶瓷、医药、新能源及电池等领域应用广泛(图3-6)。钴的消费趋势增长主要是锂电池行业发展带动的结果(朱伯鹏等,2020)。钴产业链的下游主要用于生产钴合金,包括耐高温、耐腐蚀、高强度硬质合金等,同时,也用于磁性材料和锂电池等领域(刘超和陈甲斌,2020)。

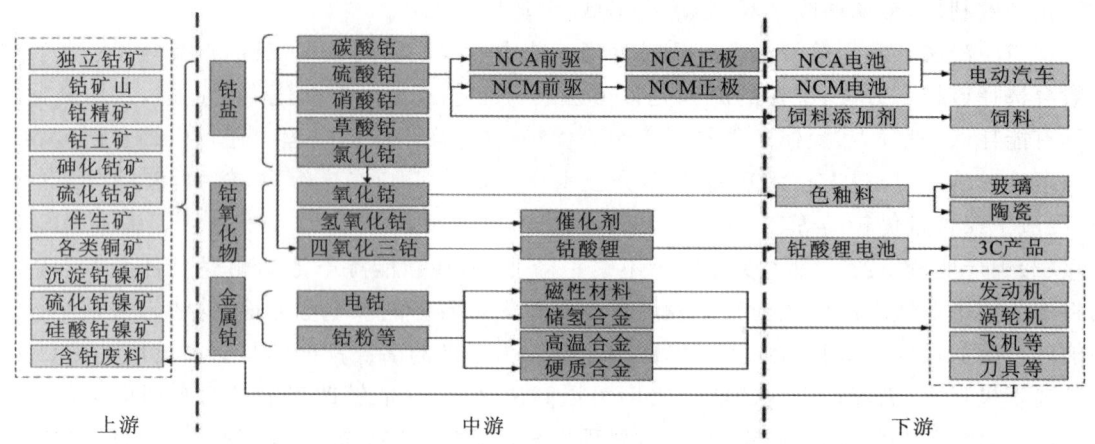

图3-6　金属钴的产业链(网址:https://www.djyanbao.com/category)

钴是少数磁化一次就能保持磁性的金属之一,因而被大量应用于高性能磁性材料的制造。钴也是高级颜料的重要原料,用于有色玻璃、珐琅等。因为钴酸锂是目前技术条件下最佳的高能锂电池正极材料(王艺博,2021),因此,锂电池行业的快速发展带动了钴消费量的逐年快速增长(刘超和陈甲斌,2020),在小型锂电池领域,预计未来需求增速为8%~10%。动力锂电池领域,三元复合材料在未来10年应用前景较好,对钴需求的增速在25%以上。此外,钴在航天航空、军工、核电、高分子材料等领域的应用中具有不可替代的作用,其中,钴基合金是用作航空航天领域和化工设备中各种高负荷耐热的部件,预计未来全球超级合金领域对钴的需求年均增长率为4%~6%。在硬质合金领域的需求将保持年均2%~4%的增长。钴在医药领域同样占据重要地位,它可以刺激人体骨髓的造血系统,还可治疗皮肤病和恶性肿瘤。

2. 钴矿的战略安全风险

随着新能源、新材料领域的产业扩张,我国对钴的需求在今后5~10年间将持续旺盛,其中,钴金属主要的消费领域是电池(81.6%)。2019年,中国钴消费量约为69 000t,在全球消费量的占比已经达到51.5%,同比增长5.3%。作为世界上最大的钴资源消费国,由于国内供需不平衡,95%以上依赖进口,进口国主要是非洲的刚果(金),"非洲采矿,中国冶炼"是国内钴金属供需平衡的宝贵经验。

2019年刚果(金)钴产量10万t,占世界总产量的69.9%。刚果(金)作为钴矿资源极为丰富的国家,钴矿品大部分出口,最主要的钴产品出口目的地是中国,2019年我国从刚果(金)进口钴矿占比达到95.4%。澳大利亚的全景资源公司年产钴精矿约400t,大部分出口给中国金川集团,此外,必和必拓集团所产钴精矿也是大量出口给中国金川集团。但是,总的来看,在进口量上,近10年我国钴矿砂及其精矿的进口量在逐年下降,在2019年的数据中,我国对钴矿砂的进口数量同比减少了35.4%，总量约6283t。这说明，在钴产业链上游的钴矿资源上有供应过剩的现象，但也证明目前阶段钴资源保障是相对安全的。

与此相对应的是，在钴产业链中游，近年来我国精炼钴的产量迅速增加，已经成为第一大精炼钴出口国，我国出口钴产品以四氧化三钴为主，2019年出口四氧化三钴4146t，约80%出口到韩国，从目前情况来看，短期内我国作为全球最大的钴精炼国的局面不会改变。

由于动力电池的需求增长，预计未来全球钴矿产量将快速增长，尽管短期可能出现供应过剩现象，但从中国的长期发展来看，我国钴资源供应存在一些风险：第一，是资源储量风险。因为钴一般是铜矿和镍矿的伴生矿种，受开采技术和成本的影响较大。第二，是国际关系风险。全球主要的钴资源矿区被欧美发达国家掌控，钴资源的开采、运输、加工都会受到资源国家的政策变化影响。第三，是市场容量的风险。因为市场容量有限，国家专门投入在钴资源上的勘探资金也有限，因此难以迅速扩大钴资源储备，一旦市场需求发生波动，短时间内难以匹配市场需求（杨卉芃和王威，2019）。

3. 钴矿资源的国际合作需求方向

钴在地壳中的含量较低，仅为0.0025%，且90%左右呈分散状态，多以伴生矿的形式出现，目前全球主要的钴矿项目中，仅有摩洛哥Managem公司下属的BouAzzer钴矿以钴为主产品。在全球钴的生产中，铜伴生和镍伴生钴产量占比分别为73%和25%，而原生矿及其他占比则不到2%。

世界钴资源区域分布十分不均衡，其中刚果（金）2019年报告钴储量360万t，居世界首位，在全球钴储量的占比为51.4%；澳大利亚和古巴分列第二位和第三位，在全球钴储量的占比分别为17.1%和7.1%，相比较而言，包括中国在内的其他国家钴储量都较低（刘超和陈甲斌，2020）。中国钴资源较为缺乏，储量仅为8万t，在全球钴资源量中的占比约为1.1%，而且中国钴资源存在品位低、分离难度大等问题。

出于提升经济增长实力和发展生态效益的目的，我国的钴产业必须以全球钴供应体系为基础，创建自身安全、稳定、经济的钴产业供应链，这是我国钴产业可持续发展的重点。在国家大力推动"一带一路"倡议的基础上，有序推进积极稳妥的资源外交政策，本着互惠互利的原则，搭建国家之间的资源技术交流合作机制，以下两点需要特别关注：第一，要持续完善全球钴资源配置体系构建。一方面要持续巩固与刚果（金）、古巴、赞比亚和其他国家开采和投资钴资源的刚性合作，另一方面要积极探索与非洲中部地区开展技术援助与合作项目的可能性，努力以多种方式寻求资源合作的多元化。第二，要切实推动供应渠道的多元化发展。目前，全球矿山钴的主要生产国是刚果（金），其他国家的总产量仅占全球总产量的2%~4%，但是，澳大利亚的钴储量占全球总储量的17.1%，古巴的钴储量占全球总储量的7.1%，而且刚果（金）的政权并不稳定，政治环境变化风险较大，相比刚果（金），这些国家的矿山产量增长潜力较大。我国可以通过政企两方面加强与这些国家在钴资源方面的积极合作，在政府层面，积极巩固稳定可靠的外交关系，增进相互理解和互惠互利；在企业层面，通过加强资本投入达成控股、参股和投资等多种合作方式，重点布局上游资源的获取和开发，一定程度上降低国际矿业巨头的大量垄断对我国企业国际合作的不利影响。

4. 钴产业链国内外关键技术梳理

钴是共、伴生金属矿产,常与铜、镍伴生,因此钴产业链上游的采选技术与铜、镍基本相同,这里不做累述。钴产业链中游主要是湿法冶炼技术,产业链下游主要应用于新能源电池。

(1)钴产业链中游。钴产业链中游主要涉及钴的冶炼,主要包含4类冶炼工艺:高温熔炼后的湿法提取、硫酸焙烧后浸出、还原焙烧氨浸法,以及加压浸出法(黄晓兵,2018)。未来钴冶炼技术发展的方向主要是加压浸出法,该方法具有流程短,镍钴浸出率高,过程中不产生有害废气、废水,环境保护效果好的优势,目前被西方发达国家广泛采用。中国的恩菲工程技术有限公司是加压浸出法的全球领先者,该公司全面掌握硫化镍钴矿湿法冶炼工程技术,拥有目前世界上最先进的钴资源开采和提取技术,在钴资源常压浸出、氧压浸出、萃取净化、过程废水处理和产品深加工技术上都存在技术领先优势。目前,该公司的技术已被我国应用于巴布亚新几内亚瑞木红土镍矿项目,瑞木红土镍矿项目是世界唯一完全由中国自主设计、采用中国装备、中国标准,由中国自主建设、运营管理的采用高压酸浸工艺处理低品位红土镍矿提取镍钴金属产品的项目。

此外,2017年8月,华友钴业科研团队积极与中国科学院过程工程研究所、中国轻工业长沙工程有限公司合作,创新"喷雾一步法"技术工艺,研发成功"均相沉淀煅烧法",利用氧压浸出-常压浸出串并联协同浸出技术和基于氨皂的全萃取技术,实现了多形态钴资源的钴、镍、锰、铜、镁等有价资源的高效提取。兰州大学化学化工学院创新了钴提取工艺,他们利用硫化钠作为氧化镍矿酸浸液的沉淀剂,在常温常压的条件下,完全富集出氧化镍矿种的铜、镍、钴,并有效去除其他金属杂质,使铜、镍、钴的有效浸出率超过99%(诸爱士等,2007)。

(2)钴产业链下游。下游主要应用于新能源汽车电池材料(占比78%)。近年来锂电池行业的迅猛发展带动了钴金属消费的增长,未来围绕锂电池领域对钴的开发和利用技术主要有两种发展趋势:一是开发升级高电压、高压实型钴酸锂材料。二是开发"无钴化"电池产品。

新能源汽车对电池类产品有两个基本需求:其一是真实续航能力强大,即考虑了冬季、开启热风空调、高速等场景的续航能力;其二是电池生产成本尽可能低。钴主要用于生产锂电池正极材料,包括钴酸锂、三元系(镍钴锰、镍钴铝)等。钴酸锂具有最大真密度($5.1g/cm^3$)和压实密度($4.3g/cm^3$),这使其在对电池体积有苛刻要求的电池领域应用优势得天独厚,加上锂电池储能能力与能量密度高度相关,因此,对锂电池长续航的需求与体积的限制,决定了在目前技术水平下,提升钴酸锂能量密度的最可行方式就是提高其电压。因此,高电压、高压实钴酸锂材料将是未来主要的技术方向之一。

目前技术条件下,钴酸锂的主要应用市场是3C锂电池领域,即便携式消费类电子产品领域,在动力电池领域,全球能将钴酸锂做到4.45V以上的产品可产出占比不足10%,因此市场处于供不应求状态。主要的原因是,在高电压条件下,钴酸锂的各项生产工艺标准化难度较高,生产工艺的自动化程度难以实现,较多需要熟练工人通过生产实践去摸索掌握(陈喜等,2023)。目前全球钴酸锂市场集中度较高,前三位生产商均为中国企业,分别为厦门厦钨新能源材料股份有限公司、江苏杉杉能源管理有限公司和天津巴莫科技股份有限公司,其中厦门厦钨新能源材料股份有限公司因具有稳定优质的客户以及产销渠道,处于市场领先位置。其他主要生产企业还包括湖南长远锂科股份有限公司、北京当升材料科技股份有限公司等。

问题是,便携式消费类电子产品锂电池中的钴用量相对较小,钴的昂贵价格对成本波动的敏感性不大。但是,特斯拉将钴酸锂电池成功应用在纯电动汽车上后,钴的高价格问题就被突显出来了,车用钴酸锂电池中钴用量较大,一方面钴资源稀缺、价格昂贵,另一方面其过充安全性能较差,因此电池成本的上升幅度较大。目前全球包括特斯拉在内的科技公司正在积极寻找替代方案,开发无钴电池技术,但是距离实现商业化应用还有一段距离。

事实上,全球电池领域"去钴化"技术一直在发展。日本和美国的企业早在1997年至2000年间,就先后发明了镍钴铝或镍钴锰三元材料,对钴酸锂作为正极材料形成挑战。目前三元复合材料已经成为电动汽车领域的主要技术路线,高镍低钴的811型号成为三元锂电池的发展趋势。能不能再进一步,彻底去掉钴?日本松下电器株式会社和美国特斯拉电动汽车和能源公司率先发出了"无钴"宣言。2018年,日本松下电器株式会社宣布开发无钴电动汽车电池。在特斯拉Model 3的电池中,含钴量已经降到不到3%,他们计划改进技术,争取在下一代电池中完全抛弃钴。韩国LG化学公司、日本松下电池集团、中国宁德时代等国际大型动力电池公司致力于将低钴和无钴作为下一代动力电池技术的研发目标。

要彻底实现电池无钴化,必须要解决3个技术问题:一是Li/Ni混排。二是循环性能差。三是高电压平台下电解液氧化分解。没能将无钴电池商业化的企业,基本都受制于这3个技术难题。但是在2019年,中国江苏蜂巢能源科技股份有限公司(简称蜂巢能源)采用在镍酸锂的基础上加锰的技术,率先开发出了镍锰体系的无钴电池。蜂巢能源主要通过3项技术创新解决了上述技术障碍:阳离子掺杂技术、单晶技术和纳米网络化包覆技术。其中,阳离子掺杂技术将氧化学键键能高的阳离子掺杂到晶体结构中,提高了材料的上限电压。第二项关键技术是单晶技术,该技术提高了材料的压实密度,压力强度比多晶提高10倍,有效提升了电池的能量密度。第三项黑科技是纳米网络化包覆技术,该技术有效地改善了高电压下的材料循环性能。根据蜂巢能源的规划,其第一款无钴电池产品容量为115Ah,能量密度达到245Wh/kg,能够搭载在大部分新能源汽车上。目前,蜂巢能源的L6薄片无钴长电芯电池已经在进行装车测试,容量226Ah,可实现880km续航里程。

3.1.2.4 铂族元素的应用及产业链关键技术梳理

1. 铂族金属在产业中的应用

铂族金属是6类金属的统称,有铂(Pt)、钯(Pd)、铑(Rh)、铱(Ir)、钌(Ru)、锇(Os)。铂族金属的关键技术主要体现在下游产业应用上,且应用领域非常广泛,包含作为催化剂应用在石油和化工领域,作为电阻和传感器材料应用在微电子工业领域,作为电极材料应用在新能源领域,作为药物配剂应用在生物医药领域,以及作为贵金属应用在首饰配件领域等(张若然等,2015),其主要应用领域见图3-7。到目前为止,尚没有其他金属或材料具有铂族金属的双重经济、科技优势,导致近年来全球对铂族金属的需求稳步增长。

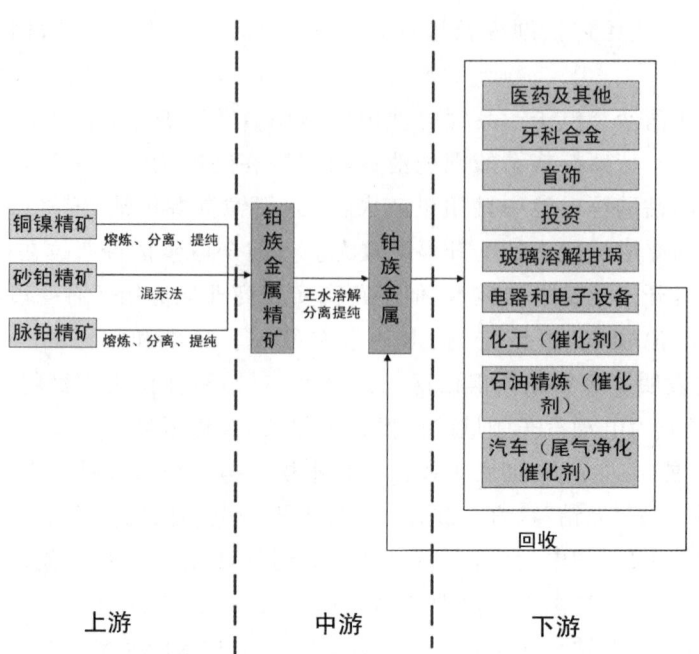

图3-7　铂族金属的产业链(网址：https://www.djyanbao.com/category)

下游产业应用分布上，2019年全球铂金属37%用于柴油车尾气催化剂，26%用于首饰，10%用于投资需求，7%用于化工，4%用于玻璃，3%用于电子，3%用于石油炼化，3%用于制药及生物制药。其中，全球消费电子产业通过产业整体升级提高了钯的需求量，汽车领域占据了超过80%的市场份额，一定程度上增加了对钯的需求。

铂族金属及其合金的主要用途包括：①以精密合金材料的形式服务现代工业和高新技术产业，如高可靠电接触材料、精密电阻材料、镀层材料等。②微电子工业材料和信息材料，用于制造各类电阻与电容、传感器等。③催化剂材料，机动车尾气污染排放的催化剂、化工产业制备化学试剂、精炼石油的催化剂等。④制造新型能源所需要的燃料电池、太阳能光电子转换和光解水电极等原材料。⑤生物医用材料和药物。⑥铂被称为"贵金属"，与金、银都可以作为首饰消费。

2. 铂族金属的战略安全风险

我国的铂族金属消费量居世界之首，年需求量是其供给量的25倍。每年铂族金属产量仅4～6t，其中，铂产量占全球总产量的1%，钯产量占3%，铑产量占1%。然而中国对铂族金属的需求量占全球总需求量的23%，由此可见我国存在巨大的铂族金属资源缺口。其次，我国铂族金属资源品位较低，独立开采成本高，因此，从其他有色金属冶炼中综合回收铂族金属成为中国企业相对经济可行的选择，市场需求大部分靠进口来满足(刘贵清等，2023)，对外依存度达96%。以铂为例，2018年，全球十大生产铂的企业中，南非7家，俄罗斯1家，津巴布韦1家，巴西1家。其中，南非7家企业铂金属总产量达到了156.81t，占世界总产量的80%

以上,处于绝对垄断地位。

我国矿山铂产量较低,年产量在2~3t左右,铂族资源供应受国外矿业公司影响较大,例如:2015年以前,南非和俄罗斯就曾对铂金属产量进行了严格控制,导致我国国内需求紧张(张若然等,2015)。除此之外,预计未来印度和东盟国家对铂族金属的消费需求将持续增长,这都将造成铂族金属的进口量很难得到保障,可能造成我国铂族金属供应链断裂。

由图3-7可知,汽车领域是铂族金属产业链的重要下游产业,由于我国汽车行业基本上使用以钯为主的汽车尾气催化剂配方,因此,在未来燃油车仍然占主导地位的中国市场,汽车领域对钯、铂的需求量将日益上升,且这种持续上升的趋势将保持到2030年。受全球铂金属价格低迷、新冠疫情、矿山事故等方面的影响,2018—2020年全球铂金属供给量连续下降,但2019年的需求量却是上升的,这中间存在供需不平衡的问题。2019年,全球铂金属供给量为249t,需求量为265.5t。全球钯金属供给量为314.2t,需求量为329.9t。从数据上来看,两者整体供需关系均处于紧平衡状态。2021年供给和需求恢复到正常水平,铂需求端在氢能源和对钯替代带动下很有可能带动供需关系进入紧缺状态。

3. 铂族金属资源的国际合作需求方向

2019年世界铂族金属储量为6.9万t,其中锇、铱、钌、铑4种金属含量较低,主要以铂、钯为主。据张苺(2009)的统计数据,全球铂族金属99%的储量分布在4个国家,其中,南非的储量最大,达到6.3万t,俄罗斯为3900万t,津巴布韦为1200万t,美国为900万t,除此之外,加拿大的储量也较为丰富,总量约310万t。截至2019年,全球铂族金属主要产出国依次为南非、俄罗斯、津巴布韦、加拿大和美国等几个国家,2019年全球钯金属矿产供给略有下降,主要是由于俄罗斯和南非钯矿产量下降。由于2020年新冠疫情对全球各个国家生产以及进出口的影响,2021年铂族金属的供给量下降,造成供不应求的局面。

中国铂族资源储量仅为402t左右,全球占比0.58%。受铂族资源储量少的影响,中国的铂族金属产量较低,因此中国的铂族金属的消费几乎全部依赖进口。从上述全球四大储量领先的国家看,中国的矿业企业应该可以抓住当前全球矿业发展的相对低迷期,提前为未来布局与南非、津巴布韦、俄罗斯等相对友好国家的矿业开发合作,通过增加矿业投资额度获取矿业开采权,充分利用"一带一路"国家倡议平台,以互利共赢机制开创矿业合作新局面,稳定供给渠道以满足国内持续增长的需求。

由于全球铂、钯、铑这3种铂族金属供需缺口持续存在,回收利用成为满足铂族金属消费需求的重要方式。近年来由于回收技术的逐步改善及供需缺口的需要,回收量呈波动上升的趋势。报废汽车尾气净化催化剂是全球铂族金属回收的最大来源,废旧的首饰和电子产品也是铂、钯回收的重要来源。

4. 铂族金属产业链国内外关键技术梳理

由于铂族元素在原始宇宙物质中的存量远远高于地壳和岩石圈地幔中的存量,因此太空开采铂族元素技术被认为是可行的。俄罗斯科学院天文学研究所已经在开展相应的技术探索和可行性分析。

(1)铂族金属产业链上游。国际上铂族金属矿产开采起源较早,主要分为砂铂矿开采技术和原生铂矿开采技术,由于南非、俄罗斯、美国等资源丰富的国家20世纪60—70年代就开始开采铂矿,因此,目前这些国家的铂族金属开采技术领先于世界上其他国家。

我国对原生铂族金属的开采是中华人民共和国成立后的事。中国目前尚没有专门的铂族金属矿区,大多数铂族金属是与铜镍硫化矿共生和伴生的,矿石中主要包含铜、镍、钴、铬、金、硒、碲等金属,在开采这些共生或伴生矿石的时候,铂族金属往往是以生产副产品的方式被回收的(刘同有,2003)。此外,即使是伴生或共生矿,铂族金属也分贫矿和富矿,当与铜镍硫化矿伴生的铂族矿物大多品位低、粒度细、共生状态复杂时,主要利用浮选技术加以富集。当铂族矿物粒度较大时,则以重选技术加以回收,目前重选是从含铂族金属矿石中富集铂族金属矿石的主要方法。必要时,采用重、浮联合工艺可更有效地全面回收铂族金属矿产。

(2)铂族金属产业链中游。中游主要涉及冶炼富集技术,有两种:挥发法和火法熔炼。由于铂族元素都能生成易挥发的氯化物,据此特征可以从矿石或冶金中间产品中经高温化学反应富集或回收铂族金属。常见的方法有锇、钌氧化挥发,氯化挥发和羰基法除镍。

2020年1月,安徽工业大学申报了一种火法还原熔炼铋富集废汽车尾气催化剂中铂族金属的专利技术。工艺步骤包括配料、一次熔炼和捕获、二次熔炼和捕获,采用金属铋作为捕收剂,对废旧汽车尾气催化剂中的铂、钯、铑进行熔炼捕收,并设计改进了其中具体工艺,从而对汽车尾气废催化剂中的铂、钯、铑等金属进行更高效的捕集,提高了铂族金属和金属铋的回收率。此外,还解决了传统捕集方法中铜、铅、铁等金属分离困难,捕集剂有毒,熔化温度高等问题,消除了催化剂载体造成铂族金属回收率低的缺陷,降低了催化剂中铂族金属的分离回收难度,工艺速度快,富集效果好,环保无毒,成本低,应用前景好。

国际上铂族金属熔炼技术发展较早的是日本,2007年日本3家公司(包括日本三菱材料公司、三菱商事株式会社和日本东京贵金属公司)签署了合作协议,并联合开发了一项铂族金属熔炼技术,可以从任意使用的催化剂废物中提取出铂族金属(马瑞先,2007),此项合作中,三菱材料公司提供核心的冶炼技术,东京贵金属公司提供加工技术,三菱商事株式会社主要利用自身拥有的贵金属市场渠道来进行铂族金属再利用业务。

(3)铂族金属产业链下游。铂族金属在产业链下游中最重要的用途是作为催化剂材料,应用于汽车产业。2020年上半年,德国巴斯夫集团研发出了新一代三元金属催化剂产品,能够在符合排放标准的情况下,将轻型汽油车上价格较高的钯用价格较低的铂取代,吹响了铂钯替换的哨声。在催化剂领域,贵金属价格是决定三元催化剂技术路线的关键因素之一,而国家第六阶段机动车污染物排放标准实施、钯金供应短缺等因素带来的铂、钯价格差异为实现催化剂成本优化提供了方向。这个最新研发的铂钯替代技术,通过产品成分中铂对钯的有效替代,在保证排放性能和传统两金属催化剂相当的情况下,有效节约了贵金属成本。此外,新能源汽车的超预期发展和国家汽车排放标准的逐渐升级将极大拓展三元催化剂技术的市场应用,铂族金属在VOCs催化燃烧领域的技术应用也将成为对接国家"碳中和"远景发展目标的关键技术。

3.1.2.5 铼矿的应用及产业链关键技术梳理

1. 铼金属在产业中的应用

铼在工业上广泛应用于石油冶炼催化剂、热电合金、电子管结构材料、航空航天特殊合金、环境保护等领域,在战略性新兴产业等高新技术领域,尤其是关乎国家安全的航空航天领域发挥着其他金属不可替代的作用(图3-8)。

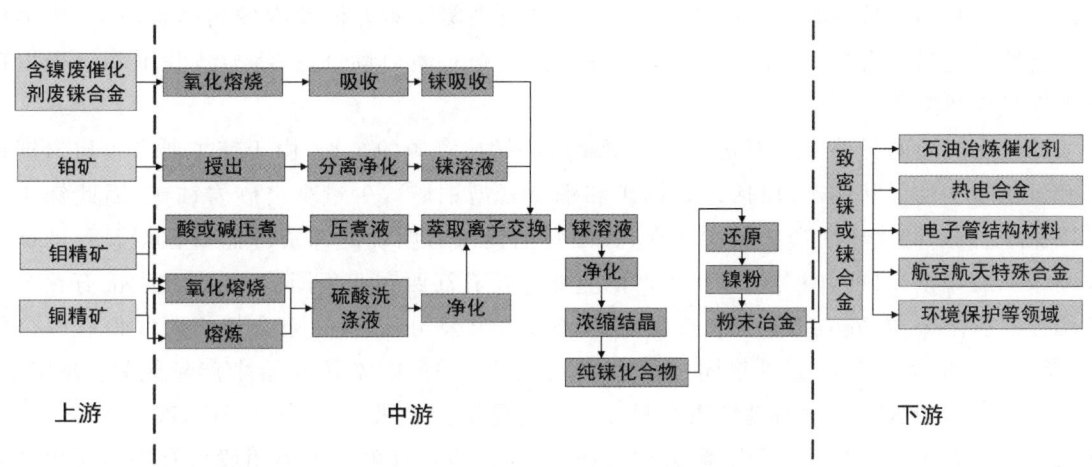

图 3-8　金属铼的产业链(网址:https://www.djyanbao.com/category)

铼的主要用途是生产铅铼催化剂,消费占比20%,在石油加氢催化方面有着不可替代的作用,主要用于生产无铅、高辛烷的汽油。由于铼的价格比较昂贵,在应用上多采用含铼的合金,其在合金领域具有不可替代的特性,添加铼能大幅提高钨、钼、铬的强度和塑性,世界上70%的铼用于制造喷气发动机的高温合金部件。铼的主要应用领域是航空航天领域,未来发动机用超耐热合金涡轮对铼的需求将不断增加。

2. 铼矿的战略安全风险

铼的主要消费国家或地区是美国、西欧、中国、日本、俄罗斯。美国对铼金属有较大的需求,消费领域主要涉及两大类:一类是耐高温合金材料领域,约占其总消费需求的80%以上,主要应用于涡轮发动机组件的制作。另一类是石油重整催化剂领域,约占其总消费需求的15%。美国的航空航天事业之所以足够发达,与其能够生产出含铼耐超高温合金材料的技术领先有关系,拥有百年历史的美国通用电气公司(General Electric Company)和普拉特·惠特尼集团公司(Pratt & Whitney Group)是全球技术领先的航空燃气涡轮发动机制造商,这两家公司是目前全球对铼需求量最大的企业(郭娟等,2020),由于铼金属对耐高温合金的不可或缺性,伴随着世界其他国家对发展航空航天工业的强烈追求,以及其他与铼相关的战略性新兴产业的蓬勃发展,预计未来较长一段时间内铼金属将供不应求,据陈喜峰等(2019)估计,2030年全球对铼的需求量将达到145t上下。

我国也在积极布局大飞机的制造,纯国产化的航空发动机是一个绕不过去的坎,随着航空发动机制造特别是在耐高温合金关键技术上的不断突破,我国对铼金属的消费将呈现出爆发式的增长,这将促使全球对铼的需求进一步增长。与此同时,我国石油化工和电子工业领域的规模正在不断扩张,铼作为石油重整催化剂的重要金属元素,需求量将伴随着这两大领域的扩张日益扩张,预计2030年中国市场对铼的需求量将增加至40t左右,且这个数量还会逐渐增加(陈喜峰等,2019)。

目前,我国约50%的铼依赖进口,如前所述,未来我国铼金属的对外依存度将伴随着需求量的日益增长而保持不断攀升的趋势。同时,铼也是美国对外依赖度较高的金属矿产,多年来保持着净进口的态势,预计未来中美在铼进口上会有激烈竞争,这将导致我国的铼进口存在潜在供应风险。

铼供应风险的另外一个因素是资源禀赋好的铼矿资源的短缺,由于铼主要产自斑岩铜钼矿和沉积岩中的层状铜矿(包括砂岩铜矿和铜页岩型铜矿),少量来自砂岩铀矿,因此铼主要是以钼矿、铜矿共伴生矿产的形式存在,我国目前尚没有明确的铼资源储量数据。我国铼产业尚未形成规模,目前,国内从事铼生产的企业主要有江西铜业集团公司、湖北大冶有色金属集团控股有限公司、安徽铜陵有色金属集团股份有限公司,以及甘肃金川集团股份有限公司等,其中,湖北大冶有色金属集团控股有限公司于2019年4月开始生产精制铼(郭娟等,2020)。此外,中国航空发动机集团有限责任公司是国内较大的铼需求企业,2019年8月,它与安徽铜陵有色金属集团股份有限公司合作,由安徽铜陵有色金属集团股份有限公司生产高纯精炼铼,年产量约为2t,以满足其航空发动机设备制造之需(周涛发等,2020)。

3. 铼矿资源的国际合作需求方向

铼是一种在自然界非常稀少的稀土元素,且铼的分布分散,比所有的稀土元素含量都要少,目前,全世界已探明的铼储量只有2500t左右,其中,智利是铼储量最多的国家,其储量大约为1300t,其次是美国,约为400t,俄罗斯约为310t,其他国家的铼储量都相对较少。美国钼金属公司是世界上最大的铼生产商,根据长期合同,该公司垄断了智利、墨西哥和哈萨克斯坦等国的大部分铼,美国的所有生产和相当一部分进口都有储备,这使得铼价格高昂。近年来,全球原生铼的年产量较为稳定,基本保持在49t左右,智利、波兰以及美国是世界前三大铼生产国,每年铼产量占据了全球产量的90%以上。受资源条件限制,中国仅仅生产少量的铼,占全球铼产量的份额非常小。除此之外,哈萨克斯坦、俄罗斯也生产部分铼,且主要是矿山铼。

如前所述,70%以上的铼储量分布在美国、智利和加拿大等国家,这些国家有一个共同的特点就是矿业投资环境普遍较好。因为这些国家具有矿业开发的全球先发优势,我国作为后发优势国家在获取充分的铼资源上会有较大的难度,特别是从以上3个储量丰富的国家获取将更为困难,因此,必须考虑铼资源的多元化,尽快完善资源和技术合作的布局。一方面,与俄罗斯、哈萨克斯坦、亚美尼亚、秘鲁等相对友好的国家达成长期、稳定的铼供应协议;另一方面,在铼的国际科技合作方向上,应重点参与南美、北美地区主要铼矿资源国家的产业链发展,增强技术合作的支撑力度。例如:与全球最大的铼资源国智利增强上、中、下游的产业技术合作,渐次推进与秘鲁、墨西哥甚至加拿大等国家的广泛技术合作,打通产业链中的薄弱环节,通过技术合作保障资源安全。此外,我们还要重视与俄罗斯和部分中亚国家的合作,因为这些国家与中国具有良好的地缘政治优势和资源互补性,通过积极参与这些国家铼矿产资源的勘探、开发和利用,最大化中国铼金属领域的共同利益。

4. 铼产业链国内外关键技术梳理

由于铼的主要用途集中在石油化工、航空航天、冶金工业等工业领域,因此,持续开发铼的新应用领域和发展铼的应用技术应作为我国未来铼产业链进一步拓展的着力点。

(1)铼产业链上游。铼在自然界中分布稀少,提取技术难度较高,美国是全球铼生产技术最先进的国家。铼的提取方法需要根据含铼原料及铼产品来确定。提取铼时先从含铼原料中制取含铼溶液,溶液经分离净化提取纯铼化合物,然后用氢还原法、水溶液电解法、卤化物热离解法制取铼粉,再用粉末冶金的方法加工成材。

我国对铼的提取研究起步较晚,目前仅从钼冶炼烟灰和铜冶炼烟气净化污酸中回收提取铼酸铵。工业上主要采取高温氢还原法制备金属铼,工艺过程温度高、能耗大、效率低,因而金属铼的生产企业极少。中国专利局于2017年3月15日公开了一种制备金属铼的方法的发明专利申请,该方法以高铼酸铵为原料通过两步法制备高纯金属铼粉,该技术对原料适应性强,提高了原料利用率,通过超声结晶-氢还原联合工艺可制备得到高纯金属铼粉,然而该技术仍然存在工艺过程能耗高、效率低等问题。2020年8月,湖北省地质实验测试中心获得了名为"一种壳聚糖离子凝胶及其制备方法与应用"的国家发明专利技术,该技术研制出一种优良富集材料,可作为分离稀散金属铼与钼的优良材料。此外,中南大学的王海东教授团队也在开展相关研究,他们利用N235萃取剂,试图从烟气淋洗液中萃取出铼金属,目前这项研究取得了初步进展(李来平等,2020),河南科技大学刘伟副教授进行了A172树脂对铼和钼的静态分离研究,中国科学院金属研究所周亦胄团队进行了D296树脂对高温合金电解液中铼的吸附研究,云南省贵研铂业股份有限公司进行了从含银废催化剂中回收银和铼的研究。

(2)铼产业链中游。铼及其合金的制备方法有很多种,但主要分为4种:第一种是电化学沉积法,这种技术主要被用于金属表面制备铼涂层,目前仍是主流方法。第二种是粉末冶金法,该技术主要用于制造金属铼制品,其中,美国已经有公司应用该技术生产出了壁厚为4mm的金属铼薄壁制品。第三种是物理气相沉积法,主要用于制备铼金属薄膜,该项技术的核心是,在真空环境中通过高能聚焦电子束的轰击实现原材料分子的挥发和冷凝,最终形成铼金属薄膜(王薇,2013)。第四种是化学气相沉积法,这是制备铼金属管的主要方法,这是一项新技术,主要是从气相物质中析出固相物质,使固相物质沉积于工作表面,从而形成镀层薄膜,并最终在基体表面形成厚度达数毫米的金属铼薄膜。国内昆明贵金属研究所应用化学气相沉积法进行了相关实验,并在实验室成功制备了铼、铱燃烧室,目前来看,该所的化学气相沉积法制备铼距离真正产业化还有一定的距离。

综合来看,以上4种方法分别有不同的特点,结合国际上对铼制品产品性能等方面的要求,同时考虑制备时的机动性和制造成本,未来最有前途的铼制备技术当属化学气相沉积法。

(3)铼产业链下游。铼用于铼合金的应用,其中铼钨、铼钼、铼镍高温合金是铼最重要的合金,在航空航天工业中应用广泛。近80%的铼元素应用于航空发动机,而单晶叶片是航空发动机中温度最高、受力最复杂、应用环境最恶劣的零件,又是第一个关键零件,铸造工艺直接决定着航空发动机的性能,因此铼金属净化技术的成功将有助于我国征服航空发动机所需要的单晶叶片生产技术。

"十三五"期间,我国启动了航空发动机和燃气轮机重大专项,航空工业持续发力,在铼金属应用技术上不断缩小与国际一流发动机生产企业的差距。中国科学院工程热物理研究所一直致力于铼金属添加方面的研究。2015年7月22日,成都宇航超合金金属有限公司成功出炉第一批重要零部件单晶叶片,走出了突破国外技术封锁的第一步。2018年5月,我国关于航空发动机中铼的应用研究再获技术突破,浙江大学的张泽院士发现,在高温合金中添加贵金属铼的最佳位置是界面位错网络的位错核。在这个关键位置,金属铼可以通过强化界面强度,使材料不易断裂,从而促进材料性能的优化,发挥特殊作用。安泰科技股份有限公司与中国原子能科学研究院开展了核反应堆中钼铼合金性能变化的相关研究。此项研究认为,铼在钼铼合金中的含量为5%~50%可以确保钼铼合金的韧性最高、抗氧性能最佳、蠕变性能最好(李来平等,2020),同时还可以降低钼铼合金的塑性-脆性转变温度。

目前,在航空发动机领域应用的单晶合金已经发展到了第五代,美欧等国对单晶高温合金的研究已经发展到了较为成熟的阶段,尤其是在民用航空发动机上的应用发展迅速。从发展历程来看,第一代单晶合金是不含铼的,第二代至第五代单晶合金都含有铼,各代之间最大的差别是单晶合金中铼金属含量的不同。以第二代单晶合金为例,俄罗斯生产的单晶合金C36中的铼含量为2%,而美国生产的单晶合金CMSX-4中的铼含量为3%。到了第三代单晶合金,其中的铼含量都有不同程度的增长,例如:美国生产的ReneN6单晶合金铼含量为5.6%,而CMSX-10单晶合金中的铼含量为7%。第四代单晶合金中的铼含量反而有部分下降,例如:日本生产的单晶合金TMS-138和MC-NG因为性能优异而在第四代单晶合金中较为突出,其中,TMS-138中的铼含量为5%,而MC-NG中的铼含量为4%。第五代单晶合金中,日本生产的TMS-162单晶合金性能领先于其他国家的产品,该合金的铼含量为6%左右。

3.1.2.6 紧缺型战略性新兴金属矿产应用小结

紧缺型战略性新兴金属矿产存在如下特点:①资源短缺常态化,是国家产业发展必需矿产,必须依靠科学技术进步换取资源获取空间。②消费量全球第一,但主要依赖进口,在加强国际科技合作上没有替代方案。③未来新兴产业的重要资源,与全球主要经济体存在强竞争关系,面临"卡脖子"风险。④金属产业链下游的应用开发技术水平与国际有较大差距。⑤资源二次回收利用产业集中度低,回收利用技术开发程度较低。

3.2 资源优势型战略性金属矿产

资源优势型战略性金属矿产主要包括稀土、钨、锑、钼、锡、锶、锗、铟、钒等,这里选取稀土、钨、钼、锗、铟5种矿产进行论述。

3.2.1 稀土的应用及产业链关键技术梳理

一、稀土金属在产业中的应用

稀土元素在石油、化工、冶金、纺织、陶瓷、玻璃、永磁材料等领域应用广泛。近年来,随着相关技术的突破,其应用领域不断拓展,产业链不断延伸,已成为战略性新兴产业发展不可或缺的矿产资源(图3-9)。

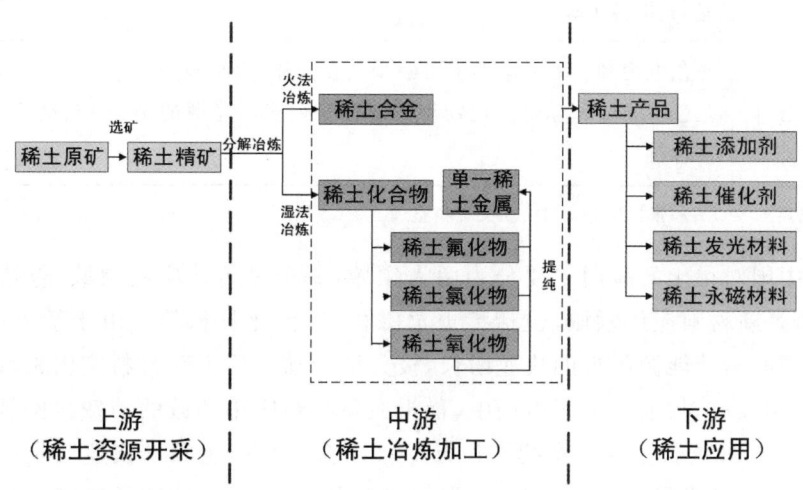

图3-9　稀土的产业链(网址:https://www.djyanbao.com/category)

稀土元素拥有特殊的光学和电磁学性质,在合金中加入少许稀土元素即可极大改变合金材料的性能(谢锋斌等,2014)。这种独特的物理化学性质,不但对农业、轻纺工业等传统工业具有显著影响,而且对高新技术产业的发展也产生了深远的影响,目前,稀土元素被广泛应用于新能源、新材料、节能环保、航空航天等高新技术领域(表3-1)。

表3-1　稀土的主要应用领域

应用领域		用途	涉及的主要稀土元素
传统领域	农业领域	作为多元复合肥的微量元素,促进增产	镧、铈
	轻纺工业	鞣制毛皮,染色等	
	冶金领域	去除钢铁、铝、镁、铜中的杂质并改善性能	镧、铈、镨、钕
	石化领域	作为催化剂提高汽油的生产率	镧、铈、镨
	玻璃陶瓷领域	玻璃着色、脱色和制备特种玻璃,以及用作陶瓷颜料和制造特种陶瓷	镧、铈、镨、钕、钇等
新材料领域	稀土永磁材料	钕铁硼永磁体是当今磁性最强的永磁材料,用于电视机、医疗设备MRI、磁悬浮列车、混合动力汽车、军工等领域	镨、钕、钐、铽、镝
	储氢材料	镍氢电池作为"绿色能源",广泛用于笔记本电脑、移动电话、摄录像机等方面,还正被开发用作电动汽车的动力源	镧、铈、镨、钕、铕

续表 3-1

应用领域		用途	涉及的主要稀土元素
新材料领域	激光材料	目前大约90%的激光材料都涉及稀土,在国际上已商品化的45种激光材料中,稀土激光材料就占30多种	镧、铈、镱
	稀土抛光粉	光电子精密器件(半导体芯片)、彩电显像管、液晶显示器、光学镜头等	镧、铈、镨、混合金属
	发光材料	彩色电视和各种显示器不可缺少的发光体,也是制造三基色节能灯和金属卤化物灯等现代绿色照明光源的必需材料	铕、钇、铽、镝、铈、镨、钆

资料来源:根据黄玉(2012)和张福良等(2018)相关资料整理。

一般地,中国对稀土的应用主要分为两大领域:一个是传统应用领域,包括冶金、石油化工等。另一个是新材料应用领域,包括稀土永磁材料、催化材料等。由于新兴产业的快速发展,特别是中国对清洁能源需求的快速增长,极大地带动了稀土新材料应用领域的快速增长。相比传统的应用领域,目前的中国市场中,稀土在新材料应用领域的消费比例越来越大,近年来均以年均6.6%的增长率保持持续增长,但是,在新材料应用领域快速增长的背景下,传统应用领域对稀土的需求量也没有降低,也保持着年均2%~3%的增长速率(黄玉,2012;张福良等,2018)。

2. 稀土资源供需格局变化

稀土资源在全球分布极为不均衡,市场竞争愈演愈烈,备受全球关注。我国稀土种类齐全,其中,离子吸附型稀土矿床代表了世界上最重要的重稀土资源,是真正占据主导地位、具有绝对竞争优势的战略性资源。这些矿产是我国所独有的珍稀资源,主要分布在我国江西、广东、福建等南方地区,以重稀土的离子型稀土矿为主,中间不仅包含了轻稀土元素中的镧、铈、镨、钕等元素,重稀土元素中的铽、镝等元素储量也较为丰富,其中,重稀土元素中的钆、铽、镝、钬、铒、铥、镱、镥和钇等多种珍稀稀土元素已探明的可采储量在全球资源分布中属于中国独有,其重要意义不言而喻,某些稀土元素对高新技术产业的支撑是决定性的。例如:稀土元素中的镝元素,在现有技术条件下,激光应用领域和核反应堆应用领域必须用到镝元素,同样地,信息技术产业领域的计算机硬盘和汽电共生引擎等也离不开镝元素,除中国之外,全球其他国家几乎没有发现过达到可采储量的镝元素。

中国稀土产量占全球稀土产量的85%以上,主要出口至日本、欧盟和美国,这3个国家和地区的进口总量占中国出口量的84%。2019年中国出口的稀土超过了4.6万t,这个出口量已经接近总产量第二名(美国)全年稀土总产量的2倍,日本、美国、荷兰、韩国、意大利是中国稀土产品出口最主要的贸易伙伴。2019年我国进口稀土约4.1万t,其中约70.08%来源于缅甸,主要进口的是稀土矿。马来西亚也是中国稀土进口的主要国家之一,2019年中国从马来西亚进口的稀土占总进口量的24.63%(陈占恒,2020)。进口稀土矿产品极大地缓解了国

第 3 章　金属矿产的应用需求及产业链关键技术梳理

内稀土矿产品的供应不足,特别是缅甸稀土矿与国内稀土矿品质接近,考虑到国家对国内稀土资源的战略性保护,预计未来进口稀土矿将长期成为我国稀土企业的重要稀土金属来源。

进入 21 世纪以来,中国稀土消费快速增长,全球稀土消费增量几乎全部来自中国。目前中国已经成为全球第一消费大国,年均消费量占全球消费总量的 60% 以上。由于中国拥有稀土的资源优势以及具有明显的成本优势,国家在产业政策上也一直存在扶持和倾斜,近年来,客观上确实吸引了国外稀土荧光粉的产能不断向中国转移。日本没有稀土资源,所需稀土全部依赖进口,中国是其稀土资源最大的来源国。中国稀土资源在日本稀土产业中具有重要影响,目前日本 83% 的稀土来自中国,其中大部分作为战略储备被储存起来。近年,受中国政府限制稀土出口等政策的影响,日本为了确保自己国家稀土的产业稳定和持续发展,正在努力寻求多元化的稀土资源供应渠道,以逐渐减少其对中国稀土资源的依赖。除此之外,日本还持续加大科技研发和资本投入,一方面加大对海洋底部的含稀土元素沉积物的勘探,另一方面加大对这些富稀土沉积物的开发和利用,努力摆脱其国内稀土开发需求单纯对中国稀土资源的依赖。

美国的稀土资源也十分丰富,其稀土资源储量在全球排名靠前,属于全球稀土资源最丰富的国家之一,曾经在稀土生产、消费和出口等方面处于领先地位。但是,2003 年以后,美国政府强制关停了其国内的所有稀土矿开采,其国内所需全部稀土资源都从国外进口,尤其是从中国的进口,其进口量一直在逐年快速增长。2015 年以后,美国也开始着手减少对中国稀土资源的依赖,他们加大了除中国之外的其他国家的进口量,因此从中国的进口量呈逐渐下降态势。

目前稀土的主要消费领域为永磁体、合金和催化剂。除了玻璃行业,其他行业的稀土消费量均处于逐渐升高的趋势,尤其是永磁体行业,合金、永磁体和催化剂已经成为全球稀土最主要的消费行业,占比约为 57%。未来,对稀土需求较多的行业主要有新能源、电子行业和通信产业,这些新兴产业发展的同时,还会促进稀土资源在其他领域的消费增长,如永磁体、电池用合金、荧光粉。

随着未来新能源产业的发展,钕、镝、钇、铽、铕等稀土元素作为新能源产业中的关键元素,需求量将大大增长。其中,钕和镝主要应用于制作永磁体,钇、铽和铕用来制作荧光粉,钇还可作为陶瓷原料之一。结合未来新兴产业和稀土产业的发展趋势来分析,对永磁体和荧光粉需求的增长将大大提高这 5 种稀土元素的需求量。

值得关注的是,由于受特定产品需求和产业技术突破的影响较大,未来产业对稀土元素的需求量将会呈现出明显的差异,总体来看,目前对稀土元素可应用的领域尚未掌握全面,新兴技术产业发展所必需的相关技术仍不成熟,与稀土元素相关的高新技术产品也处在研发和探索阶段,因此,未来对稀土元素的应用和开发将可能是爆发式的。但是,有统计数据显示,当前全球每隔 3~5 年就会发现一种稀土的新用途,特别是近年来随着技术的进步,全球所有高新技术发明中,大约 25% 的发明是与稀土的应用相关的,这是一个非常恐怖的数据。正是因为存在以上的不确定性,因此,稀土元素在新领域的应用、稀土应用新技术的突破,以及成功研发的新产品都会对稀土资源的需求增长产生较大的推动作用。

3. 稀土产业存在的问题

根据美国地质调查局 2020 年报告,全球的稀土资源还是非常丰富的,目前世界上已经探明储量的稀土资源总储量约为 1.2 亿 t,主要分布在中国、越南、巴西、俄罗斯等国,其中,中国占全球总储量的 37%,越南和巴西各占 18%,俄罗斯约占 10%。由此来看,稀土资源在全球的分布非常广泛,但是,在上述这些国家的稀土资源中,能够形成可开采的稀土矿床并且可以获取有效经济效益的富集矿床比较少,而且,目前大部分的稀土矿床是作为共伴生矿床出现的,这些共伴生金属矿产主要包括铁、铌、钍、铜、金、铀、锌和锆等。

中国稀土资源较为丰富,但呈现出"南重北轻"的特征,其中,中国北方主要为轻稀土资源,集中在包头白云鄂博等地。中国南方的离子吸附型稀土矿床中的重稀土含量较高,是中国乃至全球重稀土资源的主要来源,但离子吸附型稀土在中国稀土总量中的比例并不高,约为 0.98%,大部分稀土仍然为轻稀土。从现有储量来看,轻稀土保障年限超过 100 年,而重稀土仅为 30 年左右,因此,尽管中国是全球第一稀土资源大国、生产大国和供应大国,但并非稀土强国。国家应长远谋划,精心部署,做大、做长稀土产业链,实现从稀土大国到稀土强国的转变。面对可能出现的市场供需新格局,中国应适时调整稀土管理政策,适度放松对轻稀土的管控,增加出口配额,利用白云鄂博稀土成本优势,适当增加产量,阻止国外产能过度扩张。

如前所述,中国是世界稀土第一大国,中国的稀土储量、产量、进出口量、消费量均是世界第一,在世界稀土市场贸易中发挥着举足轻重的作用。未来由于全球的稀土资源在生产和供应结构上的不断变化,预计中稀土和重稀土将会一直处于供不应求的状态,特别是在新能源产业快速发展的大背景下,钕、镝、钇、铽和铕等与新能源产业链高度关联的稀土元素的供应将会出现供需缺口。这里存在一个可能,全球对中、重稀土的旺盛需求将会催生出轻稀土生产过剩的局面,从市场供求关系变化上会出现轻稀土供大于求进而造成价格下滑的趋势。由于中国是全球最大的稀土出口国家,为了切实保障中国的稀土产业健康发展,国家应及时调整战略方针,扩大国际合作力度,从国际上争取尽可能多的中、重稀土资源,利用中国的技术优势,优先投产这些国际稀土资源,同时加大轻稀土应用领域的研发力度,提升资源的技术效应。国家应引起重视的是,近年来国内对离子吸附型稀土资源消费量急剧增长,已有的资源储量优势正在逐渐缩小,一定程度上造成中、重稀土资源的供需结构保障大幅下降,应该适度加以保护和调整。

据统计,由于稀土存在刚性需求,包括美国、加拿大、澳大利亚等在内的西方发达国家正积极推进稀土资源的开发,目前已经取得初步成效的共有 57 个项目,其中,格陵兰地区约占总开发项目数量的 39.4%,加拿大地区约占总开发项目数量的 38.9%,此外,南美洲和非洲的一些国家也相继开展了稀土资源的勘查和勘探,部分国家甚至正在将勘查区块向海洋底部转移,目前,已经在加拿大和格陵兰地区探明的海底稀土资源储量远超预期,随着开采技术的成熟,未来这些国家的稀土资源增量将非常大。国家应该强化战略研究,及时跟进和调整资源战略。

4. 稀土产业链国内外关键技术梳理

我国既是稀土资源大国,也是稀土选采冶开发技术的全球领先者,目前,在稀土采掘、冶炼、分离提纯等上中游产业链优势明显,但在下游的高精尖技术应用领域与美国、日本等发达国家仍有较大差距。我国企业目前正在布局利用 5G 技术开发稀土,2019 年 5 月以来,国内的包头钢铁(集团)有限责任公司联合中国移动通信集团有限公司(简称中国移动)和华为技术有限公司(简称华为)共同发布了全球首个无人矿卡编组 5G+应用技术。该项技术基于 5G 信息平台,使相关企业的稀土生产科技含量更高、实操更加高效、安全程度得到提升、生产成本得到降低,同时借助 5G 技术,实现采矿车辆无人驾驶和采矿设备的全自动流程,提高了矿山全生产线的全自动化管理水平。自 2020 年 2 月开始,该项技术成果开始面向包括鄂尔多斯、通辽、山西、四川等地在内的全国矿山生产企业推广和应用,目前来看,国内稀土企业前期应用 5G 技术结合自身生产和运营的仍然不多,但包头钢铁(集团)有限责任公司的新型开发模式具有较强的可复制性,未来发展和应用的潜力很大。随着国内 5G 技术的成熟和发展,成功应用 5G 技术与自身开发运营相结合的稀土企业将抢占前沿领域的技术产业化先机,可以有效增强自身的核心竞争力,同时这也可以为整个稀土产业的高质量发展提供源源不断的动力。

(1)稀土产业链上游。稀土矿开采的第一代技术是池浸,第二代技术是堆浸,第三代技术是原地浸矿(郭钟群等,2018),目前主要应用的是第三代技术。

池浸技术,是离子型稀土的第一代开采工艺,该技术隶属于江西省地质局与赣州有色冶金研究所(原江西有色冶金研究所),是 1970 年至 1989 年期间中国离子型稀土开采的首选工艺。

堆浸技术,是铀、金、铜等金属矿开采的通用技术工艺,在溶浸采矿中较为常见,20 世纪 80 年代开始应用于离子型稀土矿的开采,一度成为离子型稀土开采的主要工艺技术。

原地浸矿技术。由于堆浸工艺容易造成环境污染,因此,赣州有色冶金研究所研发出了离子型稀土矿的原地浸出开采工艺。该技术是 2012 年江西理工大学牵头完成的国家 863 计划(项目名称为"稀土资源绿色提取与环境保护技术与集成")的项目成果,该成果成功将堆浸技术发展成为原地浸矿技术,目前来看,原地浸矿技术尽管是目前离子型稀土矿开采的最先进的工艺,但该工艺同样存在开矿后植被破坏、地质灾害和环境污染等相关问题。

从稀土产业可持续性发展的角度来看,未来稀土产业的发展应该立足于绿色、高效的稀土开采提取技术,这些技术必须以保护环境为前提,同时保障开采工艺流程的优化和精简,以进一步确保离子型稀土矿开采中的环保要求,提高资源的利用效率。2019 年 6 月以来,中国科学院海西研究院孙晓琦团队开发了一种稀土开采新工艺,和传统的工艺相比,这种新工艺具有安全性高、成本低等优势,得到的稀土沉淀物尺寸可以扩大几十倍,有效提高了稀土分离的效率,未来有很大的发展前景。据《科技日报》2020 年 6 月 1 日报道,中国北方稀土的完全自主知识产权的 500t 铈锆固溶体生产线已经开始投产建设,并在当年 9 月份达到产能要求,这标志着我国稀土铈锆固溶体技术已经打破了国际垄断,使我国的稀土分离技术至少领先国外 5~10 年。

事实上,由于我国对稀土提取技术的战略转变,以美国为代表的国际社会一直在加大稀土提取技术的研发力度,2014年美国国会就要求能源部进行"煤炭中经济回收稀土元素"的可行性研究,并对大学、国家实验室、企业进行相关研究支持。2017年,美国肯塔基大学宣称开发出具有环保意识和成本效益的技术方法,可以成功从煤炭中提取出接近纯粹的稀土精矿。2018年,宾夕法尼亚州发现部分燃煤产物提取稀土元素不仅技术可行,并且成本较低。2019年,佐治亚州立大学和蒂埃尔高岭土有限公司完成了一项技术研究,在格鲁吉亚的高密度矿物质高岭土矿中提取到稀土元素,其中包括重稀土元素。在选矿技术方面,加拿大Mkango Resources公司于2021年6月宣布稀土元素浮洗中试获得成功,在澳大利亚帕斯的ALS Metallurgy实验室完成的一个浮选中试项目中,总稀土氧化物(TREO)的浮选回收率从67%提高至74%。获得的浮选精矿的品位提高至原来的3倍,即从4.7%TREO提高至15%TREO。优化的浮选流程经过多次试验之后已经提高了浮选回收率,使原矿品位经过浮选后提高10倍。

(2)稀土产业链中游。稀土中游产业中,我国在萃取和提纯技术上拥有丰富经验,并且相关技术已经非常成熟。20世纪70年代由北京大学徐光宪院士研发的稀土串级萃取理论和工艺,是我国在稀土领域少有的国际领先技术,正是这一技术优势,使我国在稀土分离领域长期占据制高点,应该说在稀土提炼和纯化技术方面,目前在世界市场上尚无可替代,就连美国开采的稀土矿,也不得不运送到中国进行纯化加工,日本2018年宣布在最东端南鸟岛周边海底的深海中发现了1600万t稀土宝藏,但是由于技术限制迟迟无法开采。

事实上,在我国稀土纯化技术开发之前,国际上并不看好萃取技术。他们选择了更稳妥的离子交换法和分级结晶法,这两种方法分离效果好,技术更成熟。但是同时,这两种方法生产连贯性差,不太适合大规模生产,而且由于国际上提炼稀土的技术都是保密的,产品极其昂贵,致使发达国家对萃取技术并不看好,我国科学家正是利用这一空档才发展出了全球领先的技术,使得中国的稀土提纯技术一举超过了西方发达国家的经典工艺。

日本工业发展处于全球领先地位,但是在稀土开采技术、成本控制和重金属污染等方面的技术都不太成熟,通常会将稀土矿运到我国进行加工。目前,以美国为首的多个国家组建了一个"稀土联盟",计划联手建造新的稀土加工厂,挑战我国的技术领先优势。据国际媒体2020年6月2日报道,美国普渡大学已经开发出环境友善且具商业可行性的稀土分离和提纯技术。该技术的提纯和纯化主要使用配体辅助层析法,从煤灰、回收磁铁和原矿石中安全有效地分离出稀土金属,且对环境几乎没有不利影响,还能够从非磁铁和矿石中高效、环保地回收纯化稀土金属。通过这种方式,能够有效地使稀土加工成为循环可持续的过程。

(3)稀土产业链下游。虽然我国目前已建立了较完整的稀土工业体系,但我国在高端应用的稀土功能材料方面与世界先进水平尚存在一定差距,部分仍依赖进口。从"十四五"规划可以看出来,我国努力的方向应该是在稀土产业的上中下游都占据领先的地位,在利用好资源和工艺优势的前提下,增加高附加值的稀土下游产品的研发和出口。未来十年,中国稀土下游产业的主要竞争对手不是美国,而是日本。日本在整个稀土深加工领域有很深的造诣,几乎在全领域都有一定的技术优势。此外,日本、韩国、美国和一些欧洲国家在稀土加工领域有着很强的技术实力。法国擅长生产高纯度单一稀土,日本的主要优势在于稀土深加工,所以日本每年消费全球21%的稀土,这要大于美国和欧洲加起来所消耗的稀土量。随着碳中和战略的推进、新能源的大力推广、环境保护和治理力度的加大,以及太空战略的推进,我国企业一定要在高利润的稀土下游产业占据一定的份额。

目前,我国稀土深加工技术方面面临诸多挑战,其中最主要的挑战是稀土功能材料的开发和高端应用,如在医疗上的大尺寸稀土闪烁晶体材料的开发和应用,全球高端医疗设备CT成像系统就是基于这项技术进行开发的,而全球目前的技术领先者主要是法国和日本,中国全部的高端医疗CT成像系统都是从这两个国家进口的。此外,稀土深加工技术的另一重要应用领域为稀土储氢材料,该材料主要应用在静态加氢站氢压缩技术方面,目前采用机械氢压缩机故障率高、维护成本高,在系统开发方面还有待突破。我国生产的稀土永磁材料几乎占全球的88%,但在一些特殊应用领域,比如在磁制冷商业化应用技术方面欧洲就处于世界领先水平,与此相对应的是,我国大多数高性能稀土永磁材料仍需进口,在高端应用技术开发上的需求较强。

进入"十四五"规划期以来,加大稀土技术应用方面的研发力度已经成为我国稀土行业的普遍共识,预计在"十四五"末期能够使产业的发展迈向更加持续和健康的方向,进而促使稀土中高端产业的技术应用得到良好的发展。事实上,目前国内相关企业正在积极部署开发稀土产品的高端应用技术。2017年11月,东北大学钢铁冶金研究所宣布掌握了稀土废酸直接制备稀土复合氧化铁系颜料的关键技术,该技术以铁泥为原料,通过与废硫酸反应,借助水热法技术,制备重防腐型稀土复合氧化铁。2019年5月,中国石油大学孙道峰教授与美国得州农工大学周宏才教授合作,在高连接稀土金属-有机框架材料结构调控技术上取得新进展,该成果为该领域设计合成具有功能化的金属有机框架材料(MOF)提供了理论依据和技术指导。2020年6月,包头稀土研究院已经建成了一条稀土应用的工业试验生产线用于开发稀土合金产品,该生产线有两种工艺,每种工艺对应不同的感应炉。其中,第一种工艺是铸造工艺,对应的是200kg的中频感应炉(张海芳和李宝乐,2020)。第二种是快速淬火工艺,对应的是300kg的中频感应炉。该生产线的技术工艺是稀土应用领域进行国际合作的典范,主要由我国的包头稀土研究院和俄罗斯的罗蒙诺索夫莫斯科国立大学化学系进行多年国际合作完成技术升级,双方依托政府间国际合作项目"稀土系Y2FeSb2储氢合金的制备及性能的合作研究"取得上述显著成果。

2019年8月,英国伯明翰大学得到欧盟400万欧元的经费支持,以"循环经济环境下的稀土磁性材料可持续回收、再加工和再利用"为2020年欧盟重点项目计划的研究选题,试图建设试点回收设施和装备,建立了磁性材料废料的氢处理工艺(HPMS)。该工艺设施的目的是将稀土金属从工业废弃材料中回收出来,该设施的设计方案重点是通过核心技术氢处理系统实现对磁性材料的回收,其中,氢处理系统采用的"氢爆"技术可以轻易将磁性材料合金废料分解成粉末,从而实现磁性材料的回收(胡燕萍,2017)。由于该工艺使磁性金属更易于与其他部件分离,从而取代了传统工艺的拆卸和去除磁性材料来提取稀土金属的做法,使得回收时间缩短、人力和物力成本减少。这项技术还允许回收单个金属元素和处理其他几种成分,这是欧洲实现构建稀土磁性材料回收完整供应链目标的重要成果。

3.2.2 钨矿的应用及产业链关键技术梳理

1. 钨金属在产业中的应用

钨金属应用领域非常广泛,特别是在航空航天、军事、钢铁、汽车、石化矿业等关系大国重器的重要领域更是不可或缺的重要金属材料(图3-10)。钨在钢铁工业中大部分用于生产特种钢,具有硬度高及耐磨性高的特征。钨的碳化物具有高的硬度、耐磨性和难熔性,用于生产碳化钨基硬质合金,包括工业加工用刀具、矿山油田开采钻井、工业普遍用耐磨零件等,少量用于生产触头材料和高比重合金、电子管、真空照明材料,无线电电子学和X射线技术等。钨酸钠在油漆和颜料等纺织工业的生产中发挥着重要作用,也可用于生产金属钨、钨酸和钨酸盐。此外,在其他工业领域的催化剂方面也发挥着重要作用,如染料、颜料、油墨和电镀等。钨酸不仅可以作为媒染剂和染料应用于纺织产业,在化学工业中同样可以作为生产高辛烷值汽油的催化剂。二硫化钨作为固体润滑剂和催化剂可用于有机合成,如合成汽油的制备等。

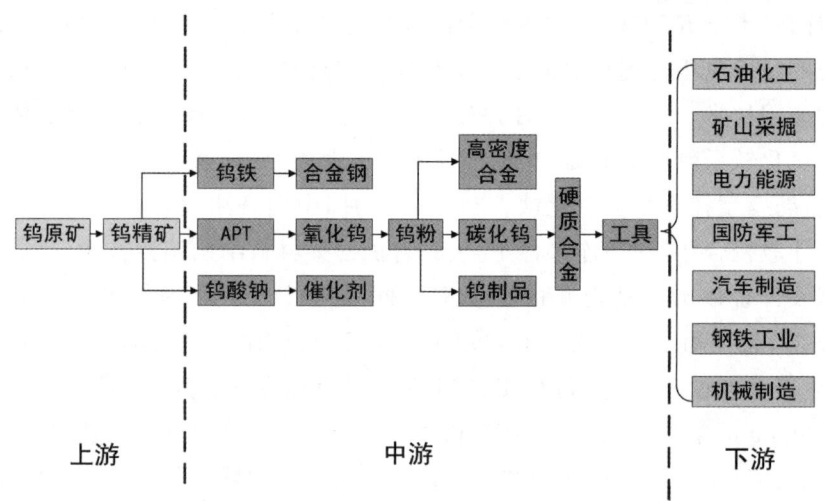

图3-10　金属钨的产业链(网址:https://www.djyanbao.com/category)

需要注意的是,钨矿资源的工业用途存在一定的可替代性。基于碳化钼和碳化钡的硬质合金、陶瓷、金属陶瓷、金刚钻工具材料、钢制器具都可以代替硬质合金。钼可代替某种钨的碾制产品。钼钢可以代替钨钢。碳丝、感应技术和发光二极管可在照明时替代钨电极、钨丝。铀废料可以在称重和均衡中替代钨合金或纯钨。铀合金废料可以替代装甲穿孔射弹中的碳化钨基硬质合金或钨合金。

中国钨金属消费主要集中在碳化钨基硬质合金、钨特钢及钨材领域。中国有相当一部分钨制品还处于基础应用领域,随着中国经济社会的发展及工业制造业的升级,钨在各领域的应用结构将更趋于合理化。碳化钨基硬质合金主要包括切削刀具33%、矿用工具25%、耐磨零件9%、磨具8%、其他25%。钨特钢主要包括高速工具钢、合金工具钢、合金结构钢、合金弹簧钢。

2. 钨资源供需格局变化

2019年世界钨资源储量320万t，较2018年的330万t有所波动。世界上71.3%的钨矿资源主要分布在中国、俄罗斯、蒙古国、越南和西班牙等国家。长期以来，中国都是重要的钨资源大国，2019年中国钨储量190万t，在世界钨资源总量中占比59%，是世界最大钨资源国。2019年世界钨产量8.5万t，其中，中国钨产量7万t，占比82%，远超其他国家，是世界最主要的钨资源生产国。

中国同时也是最大的钨制品出口国。2019年，中国出口钨制品3.04万t，净出口钨制品2.8万t（含碳化钨基硬质合金），占世界上除中国以外地区钨消费量的54.7%。这意味着，中国以外的钨矿资源消费量中，有一半以上来自中国。其中，欧洲、美国、日本和韩国是中国出口钨制品的4个主要目的地，四地累计占中国年出口量的比例长期保持在80%以上。

美国和欧盟等发达经济体虽然钨矿资源储量短缺，且国内开采很少，主要从中国进口钨加工产品，但是他们的优势在于掌握了先进的碳化钨基硬质合金新型材料开发技术，以较弱的资源地位支撑发展高端硬质合金产业，凭借自身技术优势，占据了钨产业链的中高端，决定了钨制品的流向，钨产业整体竞争力明显强于中国。

钨是一种重要的不可再生的稀缺战略资源，钨金属产业的健康发展在国防安全和国家经济命脉中发挥着关键性的作用。综合分析钨矿资源的主要消费需求和应用领域，对比世界其他国家，中国的钨产业链具有"橄榄"形分布特征，即上游资源不足，中游冶炼能力强，下游产品开发能力弱，属于典型的"大而不强"。

从未来钨金属的需求来看，碳化钨基硬质合金是钨下游需求的主要应用领域。从中国与发达国家的应用结构对比来看，未来碳化钨基硬质合金产品的市场需求是巨大的，其中一个主要的原因是，未来全球对高科技武器装备制造的需求将迅猛增加，一些顶级尖端科学技术的突破以及核热、核能的大规模发展，都离不开技术含量高、质量稳定的硬质合金产品，特别是钨金属合金制品。其中，钨特钢就是其中之一，钨特钢主要包括国防军工用钢、轿车制造用钢、家电行业用钢、电站用特殊合金钢材等。钨是高速工具钢、合金结构钢、弹簧钢、耐热钢和不锈钢的主要合金元素，未来用于生产特种钢的用量较大。在应用领域方面，光源材料是钨材的主要应用领域，其中电真空照明材料首选钨丝，此外，各种电子仪器中的热阴极、加热器、触头等也广泛采用钨质材料，惰性气体的保护性焊接、切割、热喷涂的电极等也主要选取的是钨材。在国防、航空、汽车制造和电子工业等高端应用领域更是不能没有钨质材料，不过这些领域主要使用的是高性能防震钨丝等。

3. 钨产业存在的问题

钨是中国的优势矿产资源，受需求增长拉动，中国钨矿产量迅速增长，中国越来越重视钨矿开采、钨冶炼加工过程中的健康、安全和环保，但中国钨精矿产量一直超过钨矿总量控制指标。近几年来，我国在江西北部新发现两个世界级超大型钨矿，即朱溪和大湖塘钨矿，使赣北成为继赣南之后又一重要的钨矿资源产地，大大提高了中国钨矿资源的保障程度，增强了中国钨矿在世界的话语权。

中国同时也是世界最大的钨生产国与供应国,从钨产业的发展历程来看,中国初期的钨产业发展是粗放型的,一方面出口钨精矿石资源,但是又要进口市场需要的钨合金制品,随着国内钨产业的技术进步,目前国内生产的钨合金制品不仅能够填补国内市场需求的缺口,还可以通过出口赚取外汇,已经基本形成钨产业的相对完整链条(赵慕岳等,2010),但目前出口的产品主要为中低级钨产品,附加值较低。中国每年出口大量的中级钨产品,主要为钨酸盐、钨铁及硅钨铁。钨酸盐出口量持续下降,下降幅度高达5.6%。而钨铁及硅钨铁出口呈先增后减的趋势,原因一方面是国际需求减弱,另一方面是国际钨矿供应量增加和国际废物再生利用量增加。总体来看,钨价的下跌与我国生产的钨大规模进入国际市场有关,一些钨生产量较小的国家或地区由于缺少利润从而进一步减产,这客观上造成了中国产钨在全球市场中一家独大。预计未来随着中国钨冶炼和生产技术的提高,全球钨产品将进一步主要由中国供应。

钨是可循环利用的金属,易于回收,钨的二次回收主要来源于它在军工、电子、冶金、石油化工等领域的应用。通常情况下,从各种含钨废料中回收钨是一件十分经济可行的事。钨的主要消费国如美国、日本、欧洲等对钨的二次回收极其重视。在这些发达国家有一批专门从事钨废料回收再利用的研究机构或大型公司,欧洲多家公司研究废旧合金回收工艺,尤其是芬兰的 Tikomet Osakeyhtio 公司专门致力于废旧硬质合金回收。发达国家二次钨资源利用率在30%以上,尤其是欧洲国家二次钨资源利用率高达40%。而中国对钨的二次资源回收起步较晚,二次钨资源利用率仅为18.1%。

综合来看,我国钨产业格局仍然存在亟待解决的问题,体现在3个方面:①资源消耗过快,采矿成本提升。我国钨矿储量虽然较为丰富,但是钨精矿的数量并不多,随着近年来的资源消耗,赣南地区多个钨矿山的原有储量和品位都在逐步下降,这导致钨矿产的开采成本逐步增加。因此,为保障我国钨矿产资源的长期安全和稳定,国家还需要进一步加强对钨矿的勘查,特别是对钨矿带的成矿规律研究。②企业效益不高,整体产业发展质量欠缺。钨企业"多、散、小、弱"的情况没有改变。近年来中国钨行业总体利润率在5%左右,而国际先进企业利润率在20%以上,差距明显。③中低端产能过剩,结构性矛盾依然突出。尽管我国每年出口的钨冶炼产品占到了总出口量的70%以上,但这主要是初级产品和中级产品,在钨硬质合金的高端产品方面我国的产能仍显不足,一些产业急需的高端装备制造硬质合金目前仍主要依赖进口才能满足需求,这是我国钨制品结构性的主要矛盾。此外,国内普遍存在钨产业的低端项目重复建设的现象,这是造成钨产业结构失衡、中低端产能过剩,进而引发市场无序竞争的最根本源头,对各地的环境保护工作也会造成不小的压力。

4. 钨产业链国内外关键技术梳理

钨行业上游以黑钨矿和白钨矿的勘探采选为主,中游主要是"钨精矿-仲钨酸铵(APT)-钨粉"冶炼,下游主要是钨材、钨丝、硬质合金等材料加工。钨产业链的完整流程是:钨矿石经粗碎、重力选矿及精选后得到钨精矿;再通过碱压煮、离子交换、蒸发结晶等技术可得到纯度高、晶粒品种齐全的仲钨酸铵(APT)结晶体;仲钨酸铵煅烧可得黄、蓝、紫等各色氧化钨;接下来可采用氢还原法制取钨粉、碳化法制取碳化钨粉;最后采用模压工艺和挤压工艺制备硬质合金。

第3章　金属矿产的应用需求及产业链关键技术梳理

(1)钨产业链上游。目前我国钨矿的开采以黑钨矿为主,白钨矿次之。黑钨矿储量虽然比白钨矿少,但更容易开采和筛选。钨的选矿方法主要包括重选、浮选、磁选和淘洗法。我国黑钨矿的选矿主要采用重选,回收率达92%,有些情况下也会采用浮选和磁选。白钨矿的选矿则根据矿石浸染特性,采用重选与浮选相结合,或单一浮选法,或淘洗法,个别也进行预先富集,先利用紫外线荧光拣选机从原矿中选出一半废石,再进行选矿,白钨矿的回收率达90%～96%。美国联合碳化物公司(Union Carbide Corporation)研制出用"石灰法"浮选白钨矿的技术。剪切絮凝浮选也已经被一些工厂用在白钨矿的浮选中。

(2)钨产业链中游。中游主要是钨粉的冶炼和制备技术。从冶炼技术发展趋势来看,离子交换法在钨的冶金过程中起到了重要作用,钨的离子交换工艺逐渐成为生产仲钨酸铵的主流技术,因此,开发新的离子交换工艺,乃至革新现有钨冶炼体系,是钨冶炼技术未来发展的重点方向。早在20世纪90年代,中南大学的张贵清等就开始对钨的碱性萃取技术开展研究,他们相继发明了一系列钨的碱性萃取专利技术,并且通过对工业试生产的不断完善与改进,完成钨酸盐转型和除杂两个工艺,基本实现了碱性环境下钨矿萃余液的全部浸出,从而使反萃液除银后直接结晶生产高纯APT。中南大学赵中伟教授团队进一步发展了该项工艺,他们主要采用在硫酸中添加磷酸的方式来实现白钨矿的分解,使钨的浸出率进一步提高到98.5%以上。其中,APT的生产主要有两道工序:首先,从浸出液中提取钨。其次,通过离子交换或者铵沉淀法得到APT。该项工艺的最大特点是,通过将磷酸和硫酸加入提取钨的溶液中,实现多次可返回的浸出,这在一定程度上大大减少了浸出污水的排放,最大可能地保障了环保的实现。

钨粉制备技术上,目前国内外制备球形钨粉的主要方法一般分为以下5种:①氧化还原法,这是制造球形钨粉的传统方法,核心技术是利用仲钨酸铵循环氧化并还原得到钨粉,优点是制造成本较低。②制粒烧结法,该方法主要得到喷涂用钨粉末,但钨粉的颗粒相对较大。③等离子体法,核心技术是利用旋转电极直流弧作用于钨棒得到钨粉,但也只能得到相对大直径的钨粉颗粒,且成本不低。④气相沉积法,通过强酸氢氟酸从六氟化钨中制备钨粉,但此工艺对环境保护不友好(古忠涛等,2009)。⑤感应耦合法,利用感应耦合等离子体炬对钨粉末进行球化和气冷,即可得到球形钨粉,这也是制备高品质球形钨粉的良好途径,但该技术方法存在高成本的缺陷,因为一方面需要足够大且充满高纯氩气的冷却室,另一方面单次球形粉末的转化率偏低,因此需要多次分选和球化(徐玄等,2015),这显然大大增加了生产成本。

(3)钨产业链下游。欧洲、美国、日本等发达经济体凭借技术优势占据了钨产业链下游的高端应用市场。我国钨制品硬质合金起步较晚,开发高端硬质合金应用的技术实力与国外先进水平存在较大差距。欧洲、美国、日本、韩国的国际大型刀具集团基础雄厚、技术先进、创新能力强、产品不断推陈出新,在高端领域长期保持领先的技术和服务优势,特别是在航天航空、汽车和高端装备制造应用领域中的部分高精度复合刀具、高效高精可转位铣削刀具、高精度深孔钻削刀具等工具上仍处于主导地位。其中,瑞士Sandvik公司是钨金属深加工技术与应用技术的世界领先者;美国Kennametal公司的金属切屑刀享誉世界,旗下生产的产品还包括钨质工程零件和先进材料,这确保了该公司在采矿和公路建设工具领域的全球领导地位。

此外，奥地利 Plansee 公司在国际难熔金属与硬质合金领域拥有核心技术。

据中国钨业协会统计，2018 年我国下游硬质合金生产企业共 75 家，主要分布在湖南和四川，大型的钨加工企业有厦门钨业股份有限公司、江西章源钨业股份有限公司、海南中钨高新材料股份有限公司、广东翔鹭钨业股份有限公司等。客观上说，中国钨产业链中的钨制品企业存在"多、小、散"的特点，换句话说，低端产能过剩现象较为突出，钨产业的深加工产品质量和成本与国外企业相比竞争力较弱，国家产业发展急需的高性能、高精度钨质硬质合金产能缺口较大，存在完全依赖进口的现象。

此外，由于具有高熔点和高硬度的特性，钨成为一种难加工材料，而钨金属增材制造也存在难点，目前国内外对钨增材制造材料、工艺的研究及其应用仍在发展当中。国内方面，2016年，西安铂力特增材技术股份有限公司在 3D 打印钨合金零件方面取得了技术新突破，解决了难熔金属钨材料的激光精密成形技术难题。西安赛隆金属材料有限责任公司在 2019 年通过发展高功率密度等离子体技术，结合已开发的高品质 3D 打印球形钽粉、球形钼粉、球形铌合金粉末等工艺，生产出了纯度高、球形度好的高品质球形钨粉，推进了我国稀有难熔金属 3D 打印技术的进步。此外，国内还有北京智束科技有限公司、江苏永年激光成形技术有限公司、湖南伊澍制造股份有限公司等企业也在开发钨金属材料的增材制造技术。

国际方面，美国劳伦斯·利弗莫尔国家实验室 2018 年开发了一种现场监测激光粉末床融合技术（L-PBF）打印的方法，通过将模拟与高速视频相结合，研究人员能够实时观察 3D 打印过程中钨的韧性－脆性转变（DBT），该研究提供的基本结论有助于将来开发无裂纹的增材制造钨制品。2021 年 6 月，德国卡尔斯鲁厄理工学院开发了一种新型的电子束熔化 3D 打印技术，使脆性钨无裂纹的生产成为可能，确保钨在更恶劣工作环境中的应用。国外一些企业也在积极发展钨金属 3D 打印技术。荷兰皇家飞利浦公司（简称飞利浦）旗下的影像设备零部件制造商 Dunlee 是 3D 打印钨防散射网格的制造商，通过选区激光熔化 3D 打印与纯钨金属材料，为医学影像设备用户及其他工业制造用户提供创新性的增材制造纯钨零件。例如：该公司生产的 3D 打印钨金属防散射滤线栅，用于医学 CT 设备中，作用是吸收有害的散射辐射，从而显著提高 CT 图像的质量。新冠疫情期间，该公司增加了医学影像设备 CT 所需的 3D 打印钨金属防散射滤线栅的产量，并与 3D 打印合作伙伴美国 EOS 公司合作增加新的打印设备，从而支持新冠病毒（COVID-19）流行期间的 CT 检查需求。此外，另一家医学影像巨头美国通用电气公司（GE）也通过金属 3D 打印技术开发了钨金属准直器，GE 增材制造部门提供可制造镍基高温合金、钨等高温材料的电子束熔化（EBM）3D 打印技术。

3.2.3 锡矿的应用及产业链关键技术梳理

1. 锡金属在产业中的应用

锡金属的质地非常柔软，可塑性能较好，而且具有无毒和熔点较低的特性，因此在传统的食品包装行业和电子化工行业有非常广泛的应用，此外，在机械制造、船舶与航空材料等高科技产业领域的应用也越来越多（范丽新和陆青，2017）。几年来，随着锂离子电池和太阳能材料等新兴产业的兴起，锡的应用也逐渐扩展到这些领域（图 3-11）。工业上，金属锡主要用于制造焊锡、镀锡板(马口铁)、化工制品、青铜和浮法玻璃等,其中锡焊料消费占比有不断提高的趋势。在日常生活中,锡常用于食品保鲜、罐头内层的防腐膜等。

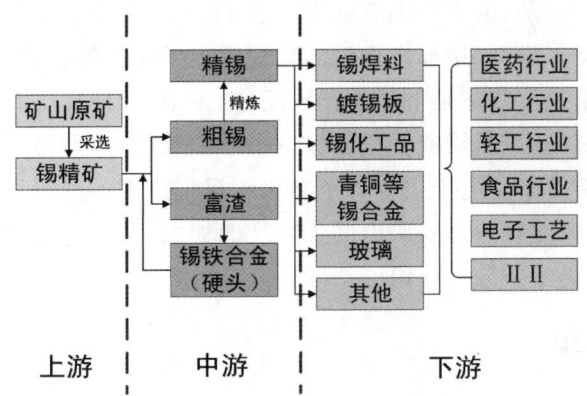

图 3-11　金属锡的产业链(网址:https://www.djyanbao.com/category)

2.锡资源供需格局变化

中国是世界上锡矿资源丰富的国家之一。截至 2019 年末,世界锡资源储量 470 万 t,其中,中国锡储量 110 万 t,占比 23%,是世界最大的锡资源国。2019 年世界锡产量 31 万 t,其中,中国锡产量 8.5 万 t,占比 27%,也是世界最大产锡国。与铝类似,全球锡矿开采总体形成了"亚洲采矿,中国冶炼"的初级生产格局。虽然中国锡的资源量丰富,但金属锡的消费量同样居世界前列,目前中国已经取代美国成为全球锡消费第一大国。2018 年,全球精炼锡消费 38.04 万 t,主要集中在中国、美国、日本及欧盟各国,占全球消费总量的 77.1%。中国锡矿资源缺口逐年扩大,每年要进口锡精矿满足下游冶炼加工的需求。

近年来中国锡消费量的快速增长,导致全球锡消费量的快速增长,年均增速为 9.2%。未来全球锡需求主要在中国,其次在美国、日本和德国等国家。纵观全球锡市场的情况,未来从基本面来看,全球锡的消费年均增速约为 2.5%。

美国锡资源的消费格局在近 10 年的时间内发生了较大的改变。在电子工业用锡领域,由于手机和平板电脑等小型化,电子工业领域用锡量减少,对锡消费产生根本性影响,预计未来将维持低位震荡;在包装容器领域,不仅涂层本身有减轻的趋势,还将面临其他包装材料的竞争,用锡量也将有所减少;在建筑领域,加入微量锡元素可以提高不锈钢的耐蚀性,所以未来美国建筑行业用锡量会有一定的增长;而在运输行业,预计未来中国将大力构建和壮大新能源汽车产业,该产业日新月异的技术成熟度将催生锡金属在锂电池领域的广阔应用前景,已经可以证明,锡金属的应用可以大大延长锂离子电池的使用寿命,这将使锡金属在锂离子电池的广泛应用前景下实现更快的需求增长。

中国的锡消费主要集中在焊料、镀锡板、锡化工以及锡合金等领域。从消费结构看,锡焊料消费直接影响着中国锡消费,主要的原因是中国近 30 年来的电子产业发展迅猛,直接带动了锡焊料消费的爆发式增长(陈绚柱,2007)。镀锡板行业方面,虽然消费增速下滑,但是来自包装等行业的市场消费前景看好,而且来自东南亚的需求不断放大,这也促进了锡的消费。

未来国内镀锡板市场竞争加大,产能过剩带来的负面效应逐渐显现,因此估计未来该行业的用锡量增速将继续放缓。综合各部门未来需求趋势分析,锡消费最大的领域——锡焊料、镀锡板的增速逐年放缓。但是,由于中国在锡化工品行业的需求在逐渐增长,与锡相关的铅蓄电池的消费需求也在逐年攀升,这都将抵消前述焊锡市场需求降低的颓势,因此,未来中国市场对锡的整体消费需求是上涨还是下降尚存疑问(夏振荣,2016)。

受中国及世界经济的影响,锡消费整体保持平稳上升趋势,但是低库存、零库存成为新的物流及经济环境下的新常态。电子工业的小型化和焊接技术的变革继续影响锡的需求,预计未来锡需求大于供应,但随着未来锡矿山勘查力度的加大,供应量会有一定的提升,供需缺口会逐渐减小,未来中国仍然是最大的锡消费国。

3. 锡产业存在的问题

全球锡资源紧缺,资源储量仅为480万t,其中,全球86%的锡资源主要分布在6个国家中,中国是锡资源分布较多的国家之一,其他锡资源分布较多的国家主要有印度尼西亚、澳大利亚、俄罗斯、巴西、玻利维亚等(夏振荣,2016)。以上6个国家的位置分布决定了全球锡矿资源在地球空间上的分布极不均匀,其中,亚洲东南部、南美中部、澳大利亚塔斯马尼亚地区和俄罗斯远东地区是主要的锡资源分布地区。

锡产业存在的最大问题是上游锡资源的日益短缺。目前全球新发现的锡矿较少,但全球锡矿生产量总体呈增长趋势,且中国是最大生产国。此外,全球的精炼锡产量普遍增长缓慢,只有中国一直保持精炼锡产量增长态势,这导致锡矿储产比长期处于下降趋势,因此资源保障程度非常低,过度开发使得中国锡矿资源逐渐萎缩。在全球锡资源储量下降的大背景下,一些锡资源大国均加强了对锡资源的保护,限制本国锡资源的开采。在锡消费量不变的情况下,全球锡矿供给增长缓慢势必会影响全球的锡产业格局。

这意味着,即便对锡金属的消费需求在未来的增长逐渐放缓,锡供应不足的情形仍然可能出现。据悉,目前锡行业的投资资金正在寻求新的潜在的资源项目,特别是随着技术的进步,在原有矿山开采基础上的二次开采和利用将重焕青春,如老矿山深边部和新矿山的勘探与开发、小规模采矿的规范与管理,以及增加资源的再生利用等。

4. 锡产业链国内外关键技术梳理

锡产业链由上游矿业企业提供锡精矿等原材料,中游冶炼企业根据工艺流程进行选矿,生产出粗锡或精锡。全球锡产业链技术优势方面,目前,我国在锡生产方面的技术较为先进,其次是秘鲁,马来西亚和泰国则以锡工艺技术见长,但是,在锡的深加工方面,欧美和日本等发达国家仍然保有绝对的技术优势,短期内其他国家难以望其项背。综上,目前的世界锡产业的格局主要呈现出两极分化的特点,发展中国家以生产原料为主,发达国家以深加工为主。

(1)锡产业链中游。锡的冶炼方法主要有火法和湿法两种,一般情况下,火法是主要的冶炼工艺,湿法是辅助的冶炼工艺,选择哪种工艺主要参考锡矿石的成分(王红彬,2017)。

目前全球最先进的锡冶炼技术仍然是澳大利亚澳斯麦特技术,也称为顶吹沉没喷枪熔炼技术,云南锡业集团(控股)有限责任公司(简称云锡)2002年4月与该公司进行合作,在引进这一技术后,对粗锡冶炼系统进行全面的技术改造。云锡主要针对引进的设备喷枪进行了关键技术的创新改进,主要是优化了粗锡冶炼熔池的还原条件,从技术上有效改善了两点:一是提高了锡金属的直接回收率。二是加快了还原速度等。该项技术改进使得云锡和澳大利亚斯麦特有限公司合作的炼锡技术远远领先于全球水平,这是我国企业进行炼锡技术国际合作成功的典范。目前全球包括中国云锡在内的主要锡冶企业都仍然广泛采用云锡-澳斯麦特技术进行锡冶炼。

应该说,与世界其他有色金属行业相比,我国整个锡冶炼技术仍存在较大差距,特别是在基础设备制造、关键辅助设备研发、过程自动控制系统等方面,需要进一步完善工程技术,实现产业化。

此外,锡产业链中再生锡的技术发展也不容忽视,全球再生锡生产工艺水平较高、产量较大的主要是工业发达国家,如美国、英国、德国、日本等。

(2)锡产业链下游。锡产业链下游主要的应用领域为锡焊,目前锡焊领域占我国锡下游应用的70%份额,因此,锡产业链下游主要涉及锡焊技术的发展。全球自动化产业的发展推动了锡焊技术领域新技术、新方法和复合工艺方法的发展。例如:激光束已广泛应用于焊接及切割(特别是切割),而汽车及航空工业中已经开始利用搅拌摩擦焊来连接铝及塑合金。

虽然激光锡焊经过这些年的发展在国内外都取得了不同程度的进步,但是却始终没能取得大的跨越和应用拓展,这是锡焊技术在应用层面的一个软肋。以苹果产品为例,由苹果零部件衍生出的锡焊工艺及技术需求,推动了行业内部积极寻求激光锡焊工艺推出新的技术解决方案,目前仍亟待工艺的技术性突破。我国联宝(合肥)电子科技有限公司(简称联宝科技)开发了全球独创的低温锡膏生产工艺,并将这一技术应用于PC行业,此项技术创新最高可以将焊接的温度直接降低70℃,对生态环保非常利好,可以节能,还可以减排。2018年11月,清华大学和联宝科技焊接新技术联合实验室的数据报告显示,联宝科技应用低温焊接技术的产品出货量达150万台,追踪使用该技术的产品售后记录显示,对比常规焊接的产品售后不良率减少了约26%。

除锡焊领域之外,未来锡产业链有可能延伸至催化、传感、光电、能源存储材料等产业中。目前全球对锡的应用拓展主要集中在锡太阳能薄膜、纳米氧化锡锂离子电池、锡基催化材料等领域。2013年美国康涅狄格大学联合美国能源部开始了一项锡基合金燃油催化剂方面的技术研究,旨在推动节能减排的革新技术。2015年,马来西亚成功开展了将锡合金颗粒添加至燃油中的实验,使不同类型的发动机在节能和减排方面收效显著,如果能够得到工业化的进一步验证,该技术将有助于全球燃油汽车减少有害物排放和对化石燃料的依赖。

从2011年起,全球有超过40个团队研究锡基太阳能薄膜电池。由于锡在制氢催化中的应用技术还只处于实验室研究阶段,目前项目的产业化难度依然较大。2019年9月,美国和日本联合开发出结构表面快速除冰除霜新技术,通过在结构材料表面涂一层钢锡氧化物薄膜,以持续不到1s的电流脉冲实现了除冰除霜,该技术将成为未来装备防除冰领域的主流技术。

3.2.4 锗矿的应用及产业链关键技术梳理

1. 锗金属在产业中的应用

锗是制造半导体的最佳金属材料,同时它还拥有优良的红外光学性质,对微波有良好透过特性(宣宁,2010),因此,其应用领域日益拓宽,在光纤通信、国防科技、航空航天技术、医疗保健、地质勘探、化工催化和半导体材料等领域均有广泛的应用(图3-12)。

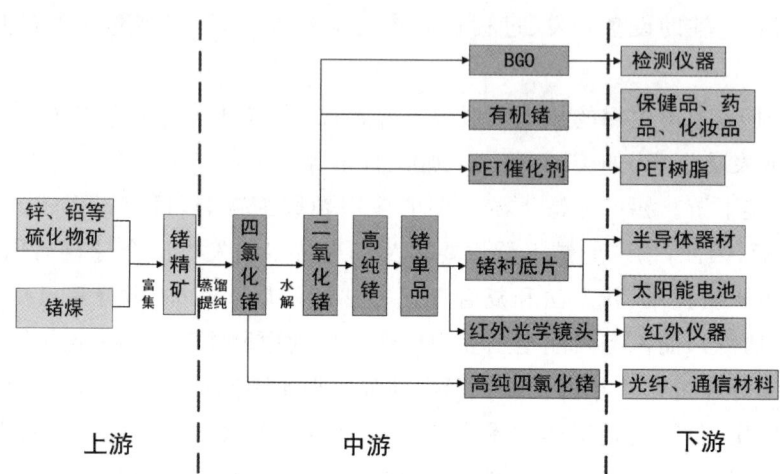

图3-12　金属锗的产业链(网址:https://www.djyanbao.com/category)

掺锗光纤是目前唯一可以工程化应用的光纤,是光通信网络的主体。锗太阳能电池目前已经成为深空和深地领域的主要电源,锗在医学领域同样占有重要的地位,临床应用于防治癌症、诊断肿瘤及骨骼结构与组织坏死等。

随着科技的进步,锗的各种优良特性被逐步发现,除了在太阳能电池和红外光学等传统领域的优势,锗还被用于磁制冷的关键材料和新一代的电脑芯片的超导晶体,其使用能大幅度提高芯片的速度。

2. 锗资源供需格局变化

锗矿是铅锌矿和煤矿的伴生矿产,锗金属的资源储量在全球都比较稀缺,目前已经探明的锗储量仅为8000多吨,如果维持目前的开采速度(平均200t/a),仅能够开采43年。此外,从全球资源储量排名来看,锗资源储量排名靠前的国家主要有中国、美国及加拿大等,资源分布相对集中,全球约95%的锗资源分布在上述国家。

由于我国的锗资源较为丰富,因此我国成为全球最主要的锗出口国,几乎占到全球锗出口量的70%以上,其主要的出口目的地是对锗需求较大的美国、德国、加拿大等,因此,一旦我国的锗生产或者锗出口受到某种影响,全球的锗市场都会出现较大程度的波动。近几年,考虑到全球锗资源的储量有限,世界各国都加大了对锗资源出口的贸易保护,一定程度上限制了锗资源的出口,导致世界各国出口的锗资源量大为减少,中国也不例外,但是每年仍有约

50t左右的锗资源出口到其他国家。其中,美国是中国锗资源最大的出口国家。从中国进口的锗资源占美国进口锗资源总量的59%,近年来受经济复苏缓慢、政府削减国防开支等因素影响,美国锗消费量总体处于下滑趋势。日本也是中国锗资源的主要出口国家,由于日本国内没有锗产量,全部依赖从中国进口,日本锗主要应用领域为PET催化剂,其次为光纤产品。

以北美和日本为代表的全球光纤网络市场的复苏加速了城市基础设施建设和网络建设对锗的需求。锗基太阳能电池光电转换效率最高,广泛应用于空间卫星太阳能电池、国防边远山区雷达站、微波通信站等国防军事、航空航天领域,其中人造卫星80%以上采用锗衬底片高效太阳能电池系统。由此可见,随着高端产业的发展,未来几年全球锗的需求量势必将快速增长。

我国也是全球锗消费第一大国,但锗产业下游的应用领域十分局限,主要集中在红外和光纤产业,而在催化剂和太阳能产业消费较少。由于锗在通信、军工、新材料、新能源等重要领域均有独特的应用,如无可替代的掺锗光纤、光电转换效率最高的锗基太阳能电池、军用红外锗镜头等,未来我国对锗的需求量无疑会快速增加。一种主要需求来自民用领域的红外锗镜片,随着互联网和工业4.0概念的兴起和快速发展,消防安全、汽车制造、工业智能机器人、智慧城市和智能穿戴设备等领域对红外热像仪需求保持高速增长。另一种需求来自军用领域的航空航天飞行器中红外跟踪仪器镜头,在当前美国环太平洋战略打压背景下,我国国防工业的装备升级势在必行,锗是不可或缺的材料,势必会被大量应用于军工领域。

为避免资源外流,从2007年起,中国通过调整关税来加强对锗资源的保护。从2010年起,中国拉开了稀有金属整合的大幕,将锗作为重要的战略资源,对锗进行战略收储,以限制市场供应量。

3. 锗产业存在的问题

我国锗产业面临的最大问题是整个锗产业链都普遍缺乏核心技术,无法生产出下游产业所需高端锗产品。如前所述,我国锗产量在全球占据主要地位,但对锗资源的精细加工和利用技术与欧美、日本等发达国家或地区存在一定的差距,在锗产业链的下游,我国仅能够生产低端锗产品,尚无法生产下游高端产业急需的高纯锗产品,对这类高纯锗产品,如锗单晶和光纤用四氯化锗等,我国只能够依赖进口才能满足国内产业发展的需要。

其次,锗产业中游的资源回收工艺不成熟限制了锗资源的再利用。再生锗已然成为锗资源的重要来源,占全球锗年产量的30%左右。欧美及日本等地区对大批锗的下游产品如光纤、军事装备和太阳能电池等进行回收利用产生的再生锗有所增加,弥补了相当一部分供应缺口。而且由于锗资源极为稀缺,未来再生锗势必将是锗资源的重要来源。而我国再生锗研究起步较晚,回收技术十分不成熟,效率低、工艺较为复杂且极易造成污染。

综上所述,随着锗在国防和民用领域的应用不断增多,锗是我国可以在一定程度上制约其他国家的优势战略资源,国内锗政策以及产出可以影响世界锗市场格局,但锗产业仍然存在几个问题:①锗在军工、通信、能源等新兴高端领域的需求日益增加,但我国对所需的高端锗产品的开发技术和生产力度明显不足,基本依赖进口。②中国锗资源丰富,但分布不均匀,主要来源于褐煤和铅锌矿中,可利用锗资源保障不足。③中国锗产业与发达国家有较大差距,产业结构单一。④目前我国再生锗提取技术繁杂且利用率低,造成资源浪费。

4. 锗产业链国内外关键技术梳理

锗产业链包括上游的采选、中游的冶炼和提纯,以及下游的深加工等方面,其中,中游的冶炼和提纯、下游的深加工主要应用在红外、光纤等领域。从技术难度上来看,中游的冶炼技术壁垒较低,但环保压力大,对高纯锗的制备工艺要求高,导致下游的深加工技术难度大。事实上,就目前锗的需求结构而言,红外光学、光纤、PET催化剂和太阳能电池等领域是锗金属的主要应用领域,其中,红外光学领域和太阳能电池领域是现阶段锗需求增长速度较快的两大领域。

(1)锗产业链中游。锗产业链中游主要涉及锗金属的制备技术,锗金属的制备主要有3种工艺,分为火法工艺、湿法工艺,以及火法和湿法联合工艺(杨支海和吕艳琼,2021)。从煤中提锗采用火法富集。重有色金属冶炼过程中回收锗采用湿法处理富集。半导体器件生产中产出的含锗废料,经预处理后直接加入金属锗制取过程中。火法富集流程短、无腐蚀,但回收率低。湿法处理回收率高,精矿品位亦高,但流程长,化工试剂耗量多。我国锗矿资源的分布非常集中,主要分布在云南、江苏、内蒙古等地,因此,开采基地也集中在这几个地区,能够进行批量锗产品生产的企业有云南临沧鑫圆锗业股份有限公司、四川四环锌锗科技有限公司、武汉中能建储能科技有限公司、锡林郭勒通力锗业有限责任公司、云南驰宏锌锗股份有限公司等(马奎等,2019),主要生产中低端锗产品,全球高纯锗的生产技术目前只有美国和比利时掌握,不仅技术对华封锁,产品也对华禁售。

锗的二次回收是锗资源保持稳定供应的主要来源,近几年锗资源回收技术取得了较大的进步,确保了市场上对锗的很大一部分需求以储备的二次回收资源的方式满足,例如:武汉地区涌现了一批二次回收企业,从光纤预制棒中回收锗,但产量较小。从2018年至今,一些企业尝试发展新型回收技术,主要利用各种工业废弃渣子、灰尘、泥土回收锗、铟等稀贵金属,有效提高了全球锗的综合回收率,客观上促使二次回收的锗资源在全球锗消费市场的占有率越来越高。

(2)锗产业链下游。锗的应用领域在21世纪发生了重大的改变,从最初的半导体晶体管材料的制作,到如今的光纤、红外、电子、太阳能、催化剂等领域,因此,锗应用技术的发展也在变化。我国以云南锗业为龙头的锗行业公司,虽然已经能够生产光纤级、红外级、太阳能级锗系列产品,由于并不具备技术领先优势,市场占有份额仍不足,但云南锗业生产的用于制作锗探测器的探测级锗单晶(13N超高级锗单晶),目前已经取得阶段性成果,并申请到相关专利。2020年10月,云南驰宏锌锗股份有限公司(简称驰宏锗业)红外锗镜片项目顺利试生产,成功产出2块锗镜片,该镜片已由外方检测机构进行质检认证,这标志着驰宏锗业实现了红外锗镜片从抛光到镀膜产业链的有机整合。2020年3月,中国科学院研发出硅-石墨烯-锗半导体高速晶体管,该材料的晶体结构非常稳定,且导电性远远超过单晶硅,该项技术也是我国芯片制造业赶超国际最先进的技术的成功范例。2021年5月,云南锗业成功研发并生产了各类稀有锗金属晶片,如"零位错"锗晶片、磷化铟晶片、砷化镓晶片等,这些锗晶片生产技术成功打破国外核心技术的垄断,从而使国内相关企业掌握锗产业链下游的关键核心技术,实现完全自主知识产权的高端锗产品生产。随着锗在高端芯片领域应用的持续增加,未来大直径超薄锗晶片将成为锗金属应用的主要技术方向,国内企业目前仍处在高端锗加工的科技攻关和技术赶超阶段。

目前全球领先的金属锗加工企业是比利时的优美科公司,该公司拥有成熟的高端深加工技术,其技术实力远超全球其他国家的同行业企业。优美科公司拥有全球太阳能电池衬底材料生产领域的绝对领先技术,全球消费市场中近90%的产品是该公司生产的。另外,美国的ATX半导体公司在锗单晶片生产领域也拥有超群的实力,其主营业务是砷化镓、锗单晶片等半导体材料的深加工和制造。德国的Photonic Sense公司也在锗单晶片生产领域占有一席之地,其核心技术体现在该公司拥有全球最大尺寸的晶体生长炉,该生长炉可以确保该公司生产出的锗红外光学镜片品质远超世界其他生产厂家。此外,台湾积体电路制造股份有限公司(简称台积电)在2020年上半年实现锗硅电子器件5nm工艺批量生产,新工艺首次在晶体管内采用了锗硅"高电子迁移率沟道",应用13.5nm波长的极紫外光刻技术,光刻步骤节省3步以上,器件速度提高15%,器件功率效率提高30%。

3.2.5 铟矿的应用及产业链关键技术梳理

1. 铟金属在产业中的应用

铟的熔点低、耐腐蚀性强、反射性好、可塑性和延展性强,这些特点使其在易熔合金、电子工业、航空航天、原子能、太阳能电池产业等领域得到广泛应用(图3-13),是战略性新兴产业发展必不可少的原料。

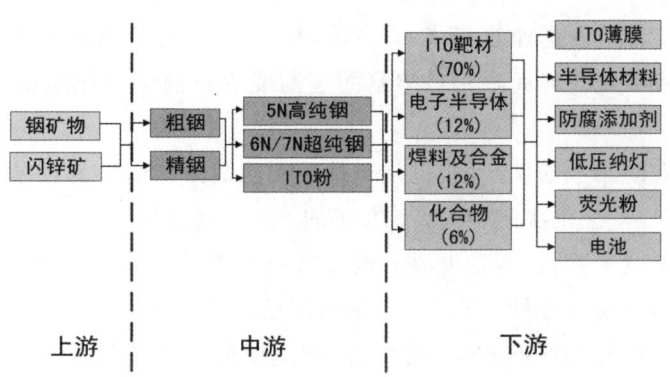

图3-13 金属铟的产业链(氧化铟锡简称"ITO")
(网址:https://www.djyanbao.com/category)

铟的熔点低,可用于制造多种易熔合金;铟的可塑性和延展性好,能够压成极薄的金属片,同时因光渗透性和导电性强,还可用于生产ITO靶材,近年来在平板显示行业得到广泛的应用;铟的优良反射性使其可用来制造反射镜;铟的抗腐蚀性强,一些金属中加入少量铟就能使表面硬化,提高强度和抗腐蚀能力。此外,在原子能方面,铟合金可以用作测试反应堆中子流和能量的指示剂、吸收中子的核控制棒及冷却回路材料;在军事方面,可用于武器制导、红外成像仪,还可以做隐身材料,实现可见光、红外线及微波等波段隐身的一体化。

铟目前的消费领域主要是ITO靶材制造、焊料及合金领域。2018年的统计数据显示，ITO靶材占铟的总消费比例达到了70%，其次是半导体化合物的消费，占比为11%，焊料及合金的消费占比为12%，光伏薄膜的消费占比为4%，其他领域的消费占比为3%。ITO靶材主要用于制作显示屏，广泛应用于IT行业液晶显示、通信显示、建筑行业玻璃幕墙和航空航天等领域。此外，铟也被广泛应用于太阳能电池领域的光伏产业中，由于中国是光伏技术的全球领先者，因此，随着中国光伏产业持续走向世界，未来铟在该领域的需求增长也是显而易见的（霍文敏和陈甲斌，2020），主要的原因是，光伏发电作为低环境负荷能源获取方式，未来可能迎来大面积推广，铜铟镓硒薄膜太阳能的应用有望赶超ITO靶材行业，成为金属铟的主要消费增长点。

2. 铟资源供需格局变化

铟有原生铟和再生铟，根据铟资源的分布，全球原生铟的生产国家主要包含中国、韩国、日本、加拿大、比利时、法国、秘鲁和俄罗斯等，在这些国家中，尤以中国、韩国、日本和加拿大的原生铟产量最大，四国的产量之和几乎占到全球原生铟总产量的90%以上。再生铟则是从回收靶材废碎料提取的二次回收铟。

2019年中国铟产量占全球铟产量的39.47%，占比最大；其次为韩国，铟产量占全球铟产量的31.58%；日本为9.87%；加拿大为7.89%。尽管近年来我国铟产出量一直处于世界领先地位，但是我国铟产量占全球铟产量比例逐年减少，2019年较2018年减少了1.02%。近年来，由于环保的要求越来越高，我国政府开始加强原生铟的生产治理，国内有许多生产技术和设备较为落后的企业，由于原生铟的生产效率极其低下，在国际国内市场需求的增强调节下，这部分企业逐渐关停并转，事实上形成了国内原生铟的集中生产，其中，云南、湖南、广西因为铟矿资源相对丰富而逐渐成为目前国内原生铟生产企业的主要集中地区。

我国是全球最大的原生铟生产国，也是全球最大的铟出口国。韩国是全球原生铟的第二大生产国，其原生铟生产量仅次于中国，2018年的产量高达230t。

从铟的消费量排位来看，日本是世界上最大的铟消费国，也是全球最大的铟进口国，日本的铟消费量约占全球铟消费总量的50%，这种情况已经持续了多年，主要是因为消费类电子产品的生产是日本的主要支柱产业，如前所述，铟主要的消费领域为ITO靶材制造，而全球75%的ITO靶材都来自日本，由此可见日本对铟的需求量有多大。此外，韩国对铟的消费约占全球总消费量的20%～40%，排在日本之后位列全球第二，原因是韩国是制造ITO靶材的主要国家，对铟的需求量较大。近年来韩国的ITO行业得到快速发展，尤其是韩国三星集团和韩国LG集团等大型跨国集团企业的快速发展，在一定程度上也使得韩国国内铟消费量不断上升，目前韩国国内铟供给比较充足，原生铟和再生铟的产出基本上满足了国内的全部铟消费，仅少量依赖进口。美国是全球第三大铟消费国，其消费量总体较为稳定，每年约100t。美国国内没有大规模的铟生产，所需的铟原料主要从中国、加拿大、韩国等进口。美国主要将铟用于航空航天、能源与电子信息领域（张伟波等，2019）。

3. 铟产业存在的问题

铟产业上游资源分布不均。世界上铟资源储量最多的国家是中国,但国内铟资源的分布并不均衡,客观上造成铟产业的集中度不高,主要的原因是铟很难形成独立矿床,一般以伴生矿产存在于各类热液矿床中,绝大多数铟主要以类质同象的方式赋存在闪锌矿晶格中。这类矿床主要分布在广西、云南、广东、内蒙古以及青海等地,其中云南和广西是我国最主要的铟资源基地。

铟产业下游消费不足。中国铟产业起步稍晚,受政策、技术、环保等因素的制约,尽管原生铟生产量一直占全球总量的40%以上,但是国内的铟消费明显不足,精铟消费仅占全球的6%,供需严重失衡。长期以来,我国主要生产铟的初级产品,与其他稀贵金属一样,在铟产业链的下游,我国的深加工技术水平远远落后于日本、韩国等产业发达的国家,目前我们仍没有掌握大尺寸的高端ITO靶材和高级半导体制造的核心技术,近年来,中国在铟的下游产业发展上取得了明显的进步,但国内对铟的消费量与生产量相比仍然较少,国内对铟的消费量难以支撑起铟下游产业的发展需求,这是我国在铟的国际议价权上相对弱势的原因之一。

铟产业中游资源回收技术差距较大。当前铟的回收主要采取酸浸法,但此方法在回收铟过程中会产生含重金属的酸液,并且难以做到真正的无害化处理,面临环境被二次污染的威胁,目前这一问题我国解决得不是太好。当前全球铟产量中再生铟产量超过50%,其中在铟回收上做得较好的国家是日本和韩国,其中,日本的铟回收已经形成了较为完整的产业链,其国内70%以上的铟消费都来源于回收铟,剩余的需求缺口主要从中国和韩国等地进口来满足。

4. 铟产业链国内外关键技术梳理

我国主要集中于粗铟和精铟的生产,一直没有研发铟的深加工利用技术,该方面技术落后。另外,技术水平要求高、附加价值高的产品产量很少,如提取高纯铟、制造ITO靶材和含铟半导体材料等,主要依赖进口。

(1)铟产业链中游。目前全球对铟的冶炼和提取工艺主要是萃取-电解法。国内精铟的生产普遍采用预先钝化-电解精炼联合法,可以得到纯度为4N的精铟,但该技术方法存在以下缺点:①铟的化学损失较大,损失率在3%~5%。②生产周期长,二次精炼一般需要14天,不利于企业生产。③铟的电解影响因素较多,如电解过程温度控制问题,一般不超过40°,也不能低于20°。④残极率较高。因此,国内正在向真空蒸馏-区域熔炼联合法制备高纯铟的方向转变,一般认为,这是一种更加绿色、节能、高效的提纯工艺,为低成本、短流程、高效率制备高纯有色金属铟开辟了新路径。

目前,由于日本已经完全掌握了从铅、锌冶炼副产品中回收铟的核心技术,且其国内回收铟的产量较大,因此,日本长期以来在铟的定价上享有全球通用的话语权。不可否认的是,日本提炼再生铟技术的持续进步,为全球寻求再生铟提供了源源不断的原料来源,例如:钢厂的烟灰、铜及铅的冶炼渣等都已经成为再生铟的主要回收来源。相应地,目前较为实用的铟回收技术主要分为以下几种:液膜分离回收铟、螯合树脂分离回收铟、浸渍树脂分离技术回收铟和微胶囊技术回收铟等。

（2）铟产业链下游。目前铟最大的用途（约80%）用于制作液晶屏的ITO靶材,其次是铜铟镓硒（CIGS）薄膜。目前,全球ITO靶材制造的核心技术几乎都掌握在以美国和日本为代表的寡头手中（冯黎和朱雷,2020）,其中,日本的5家企业、韩国三星集团、比利时优美科公司、德国贺利氏集团等的ITO靶材生产技术居世界前列。近年来,中国国内的一些企业通过技术改进和创新,逐渐掌握了ITO靶材的生产技术,在一定程度上拥有了与日本、韩国企业竞争的实力和技术水平,如宁波江丰电子材料股份有限公司（简称江丰电子）、北京有研亿金新材料有限公司（简称有研亿金）等。在逻辑芯片用靶材方面,江丰电子应用7nm技术已经可以生产8～12in（1in=2.54cm）的靶材,并且已批量进入国际主流芯片厂。同时,有研亿金新材的8in靶材主要应用在封装用靶材方面,目前也已经投入市场使用,目前该公司正在建设的是12in系列靶材的生产线,尽管与国际仍有不小的差距,但建成以后,可以确保该企业在国内稀贵金属靶材研究与生产领域具备一定的领先优势。总体来说,目前我国仅掌握了中低端ITO靶材生产技术,高端靶材技术仍然欠缺,如尚未全面掌握高品质ITO靶材制备所需的气氛烧结技术。

薄膜电池是太阳能电池的发展方向,已经被列入国家发展战略,铜铟镓硒这种新型的金属材料高新技术已经获得了行业内的普遍认可。2017年10月,安徽凯盛光伏材料有限公司建设完成国内首条铜铟镓硒薄膜太阳能电池生产线。2018年5月,四川汉能移动能源控股集团有限公司基于新一代柔性铜铟镓硒薄膜光伏电池模组技术生产的现代"汉瓦"批量投放市场,其中,溅射法是四川汉能移动能源控股集团有限公司用来生产铜铟镓硒的核心技术,这种技术可以将薄膜太阳能电池的转换效率提高19%以上。2018年,南开大学联合清华大学通过将氮化铟纳米线引入锂-硫电池中的技术创新手段,有效改变了铜铟镓硒隔膜的性质,降低了锂-硫电池中的"穿梭效应",从而大大延长了锂-硫电池的使用寿命。2019年9月,四川汉能移动能源控股集团有限公司设在美国的分公司与欧洲的Solliance Solar Research公司进行技术合作,通过将钙钛矿电池和柔性铜铟镓硒电池进行叠加,开发出新型柔性铜铟镓硒太阳能电池,其能量转换效率达到23%,刷新了柔性薄膜太阳能电池使用寿命的世界纪录。

3.2.6 资源优势金属矿产应用小结

我国资源优势金属矿产拥有以下特点：①资源总量较高,但矿产品位不高,开采成本较高。②资源分布不均,多数矿产为伴生矿产,在产业链上游开采和提取技术没有本质上提高的情况下存在过度开发、资源浪费和环境污染的现象。③产业链中游技术附加值不高,中低端基础原料产品无法满足下游高端产业的需要。④资源大国并不是技术强国,多数资源优势金属矿产在国际上没有行业话语权,没有将资源优势转化为技术优势。

3.3 技术制约型战略性金属矿产

我国技术制约型战略性金属矿产主要包含铍、钛、镓等。相对于资源短缺,技术短缺造成的产业发展制约可能对我国战略性新兴产业的伤害更大。

3.3.1 铍矿的应用及产业链关键技术梳理

1. 铍金属在产业中的应用

铍是性能最为优异的稀有有色金属之一,国际上多种高精尖领域都对铍金属具有强烈需求,像核技术领域、空天领域、惯性导航仪表领域等都离不开铍金属的强大功能。由于铍金属的资源稀缺性,还无法开展铍金属在民用领域的广泛应用,目前主要还是应用在国防军工领域,金属铍主要由国家库存收储。铍金属具有的一系列优良性,使其相比其他金属在高精尖领域更具备应用价值。

铍的微屈服强度很高,这一特性保证了惯性导航器件所要求的尺寸稳定性,还没有任何一种其他材料能达到铍导航时达到的精度。另外,铍密度低、刚度高的特点适合于惯性导航仪表向小型化和高稳定性发展的要求,解决了通常用硬铝制作惯性器件时存在的转子卡死、运行稳定性差、寿命短等问题。抛光后的金属铍对红外线的反射率高达99%,特别适合做光学镜体(马宏昌,2019)。对于在动态系统中工作的镜体,要求材料具有很高的变形能力,铍的刚性很好地满足了这一要求,相比于玻璃,铍金属成为制作光学转镜的首选材料。美国航空航天局(NASA)制造的詹姆斯·韦伯太空望远镜主镜材料用的就是铍。铍密度低,弹性模量高,铍金属构件优良的质量/体积比能够确保构件避免共振(梁飞,2018),同时铍刚度高,零件可以做得很薄而不变形,特别适合在航空航天领域使用(图3-14)。

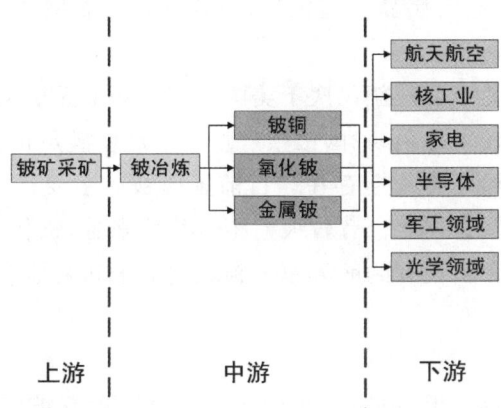

图3-14 金属铍的产业链(网址:https://www.djyanbao.com/category)

铍金属化合物以及铍与其他金属制成的合金也具有广阔的应用前景。铍氧化物制成的陶瓷由于高热导性被广泛应用于计算机行业,但是我国的氧化铍陶瓷材料在纯度上和国外相比还有一定差距,高纯度的氧化铍陶瓷是我国未来几年的研究方向。铍与铜、镍、铝以及其他金属合金一样,具有质量较轻、质地坚硬的优良性能,在航空航天、汽车制造、电子信息、油气钻井设备以及医疗设备等方面具有不可替代的作用。铍铜合金可以用于生产接触器和连接件、开关、中继设备、从手机到计算机再到恒温器的所有防辐射的防护罩、高清晰度电视以及汽车。铍镍合金可以用来生产抗磨和保形的高温弹簧、接触器和连接件。铍铝合金结合了铝的制造能力和铍的热传导及高弹性模量性能,用于制造质量要求轻、不易弯曲且热标准严格的飞机和卫星组件。

2. 铍资源供需格局变化

仅就铍的资源储量来看,全球并不缺铍资源,但是,铍在全球的资源分布并不均匀,其中,美国的铍资源储量占全球铍资源总储量的60%以上,巴西和俄罗斯的铍资源储量占比紧随美国之后,其次是加拿大、印度、中国、马达加斯加、莫桑比克等国家(毛素荣等,2022)。2017年,世界铍金属产量229t,其中美国占74.2%,主要来自犹他州斯波尔山火山岩型铍矿床。铍的主要消费国家是中国和美国,2017年美国铍的消费量为185t。事实上,美国不仅是铍资源量最大的国家,还是铍加工技术全球领先的国家。相比较而言,中国的铍资源并不丰富,少量的铍矿资源大多数品位较低,受制于国内并不占领先优势的铍加工技术,目前来看,即使是未来很长的一段时期内,国内开采的铍资源也并不能满足产业发展的实际需要,因此铍资源的对外依存度将一直较高(李娜等,2019;陈子瞻等,2023)。

美国是世界上铍金属的最大生产国,中国的生产量位居第二,全球其他国家铍金属的产量较少,原因是这些国家的冶炼加工技术不够成熟,因此难以量产,导致除中、美之外的国家主要通过贸易出口铍矿石到中美两国进行加工处理得到铍金属。2018年美国生产含铍矿物170t,占全球总产量的约74%,而中国生产了约50t,约占全球总产量的22%。据梁飞等(2018)预测,未来中国的铍矿年产能基本上固定在50t向上这个水平,即使能够少许提高,但其年产能峰值也不会超过63.72~86.58t,因此,必须依赖从国外进口来保障资源需求。我国目前可回收铍的矿床主要为花岗伟晶岩型铍矿,主要分布在新疆阿尔泰地区、川西松潘—甘孜地区和南岭地区。

近年来,我国在铍行业的市场份额仅次于美国。但实际上无论从市场份额还是从技术水平来看,我国与美国都还有较大差距,我国铍生产量还不足以满足市场需求,随着我国对铍的需求不断增加,依赖进口的局面将长期存在。目前国内铍矿主要优先保障国防和科技领域,而民用铍铜合金部分与美国、日本比仍有较大差距。长期来看,铍作为一种性能优异的金属,在满足资源保障的前提下,会从现有的航天军工领域向电子和其他新兴产业渗透。

3. 铍资源安全战略

目前全球仅美国、哈萨克斯坦、中国和印度4个国家既拥有铍资源又有商业开采和处理铍矿石以及制造铍产品的能力。仅美国拥有从开采、矿石处理、制造、销售到铍产品的再利用一体化生产铍产品的能力,美国Materion公司在铍产业中具有较大的话语权。此外,哈萨克斯坦乌尔巴冶金厂、中国湖南水口山有色金属集团有限公司都具有一定的冶炼加工能力。日本虽然不能生产铍矿石,但可通过进口矿石后再对其进行精炼,其中,日本NAGAKI永木精械株式会社(简称NGK)是世界第二大铍铜生产商。

《中国制造2025》目标的实现需要铍产业链的支撑,但产业链中游铍材料产品关键技术受制于人的局面限制了下游产业的持续延伸,且这种状况短期内难以改变。目前,中国航空航天领域需要的与铍金属相关的高等级航材(如铍铜合金)几乎依赖从美国进口,很多新兴产业领域也不例外,主要的原因是美国掌握着铍材料制造的关键技术,仅有美国能够生产符合军用标准的合规材料,而这些材料是国内新兴产业航空等领域(如通信与集成电路领域、高端的机电和医疗领域、军工和石油勘探领域等)急需的设备和器件(梁飞,2018)。其次,美国和日本等国家可以将制造计算机的氧化铍陶瓷材料的纯度提高到99.5%,而中国还只能到99.0%,这0.5%的差距会导致相应的导热效率大打折扣。因此高等级的铍铜合金材料及高纯度的氧化铍陶瓷材料的制造将成为未来我国重点发展的方向。

目前我国铍产业主要面临如下问题:①产业链上游铍资源短缺。由于中国的铍矿多数属于伴生或共生矿,资源品位相对较低,导致开采成本较高(李娜等,2019),因此目前阶段中国的铍资源产量远远无法满足市场的需求,且资源的利用效率较为低下。②开采技术不过关。因为品位低,所以铍矿开采普遍存在严重的浪费现象,铍资源回收率不足5%,远低于美国20%~25%的回收率。③铍资源国际合作供应保障难以连续,美国独占全球市场的势头目前尚没有破解的方案,我国尚没有建成长期持续稳定的铍矿原料供应基地。④产业链中游高端铍材料生产技术还不成熟,严重依赖进口,属于被"卡脖子"金属矿产产业。

铍资源战略上没有其他选择,只能依靠自身科技能力提升,逐步摆脱"卡脖子"现状。建议措施如下:①在产业链上游加强铍矿的矿床成因和找矿理论的基础研究,从基础理论方法上指导企业在新疆、西藏和四川等优势地区寻找"富矿"和"大矿"。②在产业链中游加大财政投入,引导科研单位和矿山企业合作,加快科技创新,突破在伴生矿中提炼铍的技术,同时研发低品位铍矿回收利用技术,最大限度利用好本国的铍矿资源。③提升高端铍产品的研制技术,从根本上改变长期依赖进口和被"卡脖子"的局面。④制定境外铍矿资源勘查开发战略,政府鼓励和支持企业去哈萨克斯坦、俄罗斯和非洲铍资源丰富的国家勘查开发与投资,保障海外优质铍资源的稳定供应。考虑到受美国制约的因素,与南美合作的可行性较低,但与非洲、哈萨克斯坦和俄罗斯的合作没有障碍,可从国家战略层面及早规划此类布局。

4. 铍产业链国内外关键技术梳理

铍产业链上游主要涉及铍的找矿技术,中游主要涉及铍的提取和铍合金技术,下游主要涉及国防和航空航天领域铍应用技术。

(1)铍产业链上游。我国的铍资源并不丰富,因此找矿理论与技术的丰富有助于铍产业链的完善。铍的原位分析技术一直是地球科学领域的难题,2020年12月,浙江大学利用岛津电子探针在铍的原位分析技术取得突破性进展。关键金属铍的原位分析技术的突破,不仅可以深入了解铍的赋存形式和地学化学性质,同时有利于发展铍的成矿理论,为关键金属矿产的勘查和指导找矿提供技术支持。

(2)铍产业链中游。国内外铍提取技术主要包括硫酸法、氟化法和硫酸-萃取法,其中,氟化法技术因为对环境污染重已经被淘汰,我国的铍提取分离技术主要采用硫酸法。湖南水口山有色金属集团有限公司第六冶炼厂采用的是加溶剂硫酸法工艺,德国的德古萨股份有限公司主要生产氢氧化铍,生产方式也是主要采用加熔剂硫酸法进行制备。也有公司采用的是不加熔剂硫酸法,如美国的布拉什维尔曼公司,其工艺的核心流程是首先将绿柱石加热,待达到1700℃的临界温度之后,注入冷水萃取从而得到铍玻璃,再将硫酸倒入粉碎后的铍玻璃碴中进行酸解,即可得到铍。

硫酸-萃取法的生产过程是连续的,因此,技术上实现自动化的难度不大,在制备金属铍和氧化铍陶瓷制品上能够达到能耗低和化工原料消耗少的目的,而且该工艺使用的萃取溶剂可以方便地回收并加以再利用,特别适合于低品位矿石的选矿,对含锂、氟、磷矿等杂质较高的矿石选矿也非常适合,能有效降低生产成本和保障环保要求,使资源利用效率最大化。除此之外,硫酸-萃取法的选矿残渣成分单纯,除浸出渣外,萃取余液和酸洗废液的排出量较少,相对于其他金属萃取,铍的萃取液更易于处理。目前,全球对铍的提取基本上都是采用上述技术流程,今后的技术更新也主要是在原有技术上的优化和改造,当然,采用硫酸-萃取法提取铍对萃取设备的要求非常高,而且萃取的实操技术较为复杂,这是该技术的唯一缺点。我国新疆有色金属研究所早在2011年就建成了全国第一条吨级规模的硫酸-萃取法试验线。美国布拉什维尔曼公司是全球主要用酸法-萃取工艺处理低品位硅铍石与绿柱石的企业。

铍合金技术方面,首先是铍铜技术。2018年,中国有色集团的东方铍铜分公司用重熔新工艺替代了传统半连续铸造工艺,完全消除了铍铜铸锭易夹渣、易产生气孔等质量问题,新工艺还同时解决了铍铜铸锭热轧开裂、带材起皮等问题。其次是铍合金,中国仅有西北稀有金属材料研究院一家企业具备铍合金的生产能力,目前该企业也是中国唯一能够同时进行铍合金研发和铍材加工的企业(梁飞,2018)。2020年,中国有色集团与西北稀有金属材料研究院成立了我国首个稀有金属铍产业战略联盟,成立战略联盟的目的主要有3个:第一是全面开展铍合金的深度研发,以提升国产铍合金的应用能力。第二是开展铍材料在相关高新技术领域的拓展应用,实现对铍材料深度加工技术的革新性突破。第三是定向精细化铍矿生产过程中的回收和净化工艺,以提高资源利用效率。

国际上,美国Materion公司是全球唯一具备从铍矿石开采、铍冶炼到生产各种铍制品能力的大型企业,技术实力领先全球,在全球铍产业方面拥有很大的话语权。俄罗斯的大型铍合金制造企业Kompozit Corporation在全球铍合金技术上也占有一席之地,该公司主要从事铍材、铍合金及其制品的加工工艺和性能研究。此外,哈萨克斯坦的乌尔巴科研与生产联合体主要生产铍粉、铍铝合金,以及各种氧化铍制件和铍材、铍制品等。

(3)铍产业链下游。铍产业链下游主要是新型铍材料的开发和应用。美国在金属铍及含铍材料的工艺技术、新材料研发方面全球领先,其次是俄罗斯和日本。目前美国Materion公司是全球新型铍材料开发和应用技术的领先者,它研发的O-30光学级铍材是詹姆斯·韦伯太空望远镜主镜的镜体材料,研发的UHP-9999品级的超高纯铍材和AlBeMet、AlBeCast系列合金广泛应用于航空领域。此外,美国洛斯·阿拉莫斯国家实验室开发的新型铍合金Be-2ti具有极细的晶粒尺寸和优异的高温力学性能。美国普渡大学(Purduc University)将氧化铀分布在网状氧化铍上制成的$BeO-UO_2$新型核燃料将热导率至少提高了50%。洛克威尔公司创新加工和表面涂覆等关键技术制造新型铍材,实现了惯性导航新型铍材料对铝材料的替代。美国和日本研制的低铍含量的铍铜合金具有高强度和高导电性,在电子工业中得到广泛应用;研制的耐高温超高弹性导电铍镍合金是制造先进弹性元件的最佳材料;在俄罗斯铍铝合金的基础上添加镁元素得到的合金具有比铍铝更好的微观组织和力学性能,已应用于航天器和卫星。2016年,美国洛克希德·马丁空间系统公司与IBC Advanced Alloys Corporation

使用专门的铸造工艺替代传统的粉末冶金,合作开发出新型铝铍合金"Beralcast",实现 F-35 减重和光电瞄准系统万向外壳近净成形,节约成本约 40%。2021 年 5 月,德国拜罗伊特大学首次使用现代高压技术,开发了一种此前未知的二维材料铍氮烯,这种材料具有独特的电子晶格结构,在量子技术中具有潜在的应用前景。相比较而言,我国金属铍及含铍材料的研究集中在传统工艺优化上,对新材料和工艺技术研究较少,其中,含铍新材料的研发主要有 ITER 级铍材、同步加速器束流管用高纯高强铍材、铍锑合金和铍铝合金等。未来我国铍材料技术突破的主要方向有高纯铍冶炼工艺技术及制粉新技术、铍近净形成型技术和快速近净形成型技术、新型铍材的合金设计与制备等。

3.3.2 钛矿的应用及产业链关键技术梳理

1. 钛金属在产业中的应用

钛及其合金的应用领域非常广泛,包括太空、陆地、海洋及生命健康等领域,因此被称为国民经济的"全能金属",根据在工业应用中的领域划分,可以将钛合金优点概括如下:比强度高,耐腐蚀,无磁性,低阻尼,高低温的性能好,与碳复合材料的相容性好,生物相容性好,具有超导、形状记忆和储氢的特性。钛金属及其合金在国民经济中发挥着重要的作用,甚至可以毫不夸张地说钛是高新技术产业发展不可或缺的关键材料,因此对钛合金的技术开发和功能拓展能力完全可以体现国家层面的综合科技实力,尤其在我国致力于发展高新技术产业以打造高端制造的发展阶段,情况更是如此。钛的两个最突出的优点是比强度高和耐腐蚀,因此在航空航天、武器装备、能源、化工、冶金、建筑和交通运输等方面具有广泛的应用前景(图 3-15)。

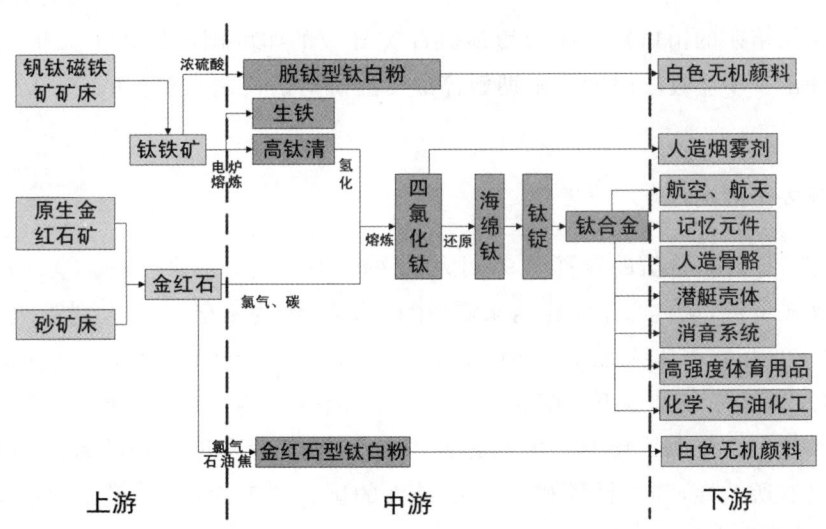

图 3-15 金属钛的产业链(网址:https://www.djyanbao.com/category)

海绵钛主要用于生产钛材料。在航空航天领域,钛材料不可或缺。其中,喷气发动机压气机盘、叶片、起落架等的主要材料就是钛合金,其他合金无法替代。此外,钛合金比强度高,可塑性和强韧性优良,是目前制造火箭、导弹和航天器的不二选择。在非航空用材的钛市场,钛产业链下游也几乎涵盖了所有行业。钛合金可用于汽车驱动装置和汽车底盘,可用于潜艇耐压艇体、结构件、浮力系统球体等,还可用于钢铁行业中的脱氧、粒径度控制、碳和氮含量控制与稳定等。化学和石油工业领域的热交换器、反应塔、高压釜等也必须用到钛合金材料。除此之外,钛合金具有无毒、耐蚀的特性,因此被作为优良的生物材料广泛应用于医疗健康领域,如制造医疗器械及外科植入物等。

2. 钛资源供需格局变化

由于钛的市场前景被普遍看好,全球钛资源勘查开发总体呈上升态势。全球钛精矿消费与全球经济形势关系密切,近几年的数据显示,钛精矿的消费趋势与全球 GDP 走势基本一致,主要的原因是钛材重要的下游应用领域多体现为强周期性行业。近几年,全球钛精矿消费总体呈缓慢上升趋势,中国已经成为全球钛精矿消费第一大国。

钛的消费领域主要有 3 类:生产钛白粉、生产海绵钛,以及用于钛焊条等,其中,生产钛白粉是主要用途,几乎占消费总量的 90%(李家林等,2019)。近年全球经济保持持续增长,排除新冠疫情影响因素,发展中国家对钛白粉需求的增长带动了全球钛白粉的消费增长。未来,随着全球航空航天等产业的快速发展以及钛材生产技术的突破,钛材的需求量将不断扩大。长期来看,航空业对钛的需求仍将上升,因此,确保钛材市场持续稳定对航空航天工业持续发展尤为重要。

我国高品位钛矿资源匮乏,一方面需要加大地质勘查投入,以期在国内找到更多高品位钛矿,另一方面通过国际合作增加钛精矿进口成为必然选择。目前中国钛精矿对外依存度已经超过 50%,越南、印度、澳大利亚是中国主要的钛矿进口国。保持这些渠道有难度,越南政府一直限制对钛精矿的出口。中印边境地区冲突导致的印度国内民粹主义抬头也会对钛资源进口造成冲击。中澳近段时间无限期暂停战略经济对话机制,也增加了未来中国钛进口的不确定性。

3. 钛资源安全战略

全球具有工业开采价值的钛资源 92% 为钛铁矿,其次是天然金红石。全球较多国家都拥有丰富的钛铁矿资源,从资源禀赋排名来看,中国最多,约为 2 亿 t,澳大利亚次之,为 1.6 亿 t,印度约为 8500 万 t,南非约为 6300 万 t,巴西更少,为 4300 万 t。全球金红石矿产资源量的排名如下:澳大利亚约为 2400 万 t,南非约为 830 万 t,印度约为 740 万 t,塞拉利昂约为 380 万 t,除此之外的其他国家资源量较少。相比资源禀赋,因为工业发展进程的差异,不同的国家对钛铁矿开采量有所差异,其中钛铁矿开采量最大的国家是澳大利亚,其次是南非和中国,此外,金红石开采量最大的国家也是澳大利亚。

中国的钛资源储量较大,拥有全球第一的钛储量,但是学界普遍认为,我国缺乏优质钛资源矿石,大多数钛矿品位较低,矿物成分复杂,加上生产技术水平低,钛资源综合利用率低,资源浪费,难以满足钛产业链下游产业的需求。

我国钛产业存在结构性生产过剩,产业链中低端生产过剩,产业结构亟待调整。新钛合金的自主创意不多,主要是跟进模仿国外同类产品,对新钛合金的基础和系统研究不够,从而阻碍了新钛合金的应用。此外,在高端钛材的研发上,还不能满足国内航空航天和医疗等领域对高端产品的需要,仍然需要进口。

此外,产业链中游存在大量资源浪费。在钛及其合金制品的生产过程中会产生的大量碎屑,由于钛制品的高端用途特性,这些碎屑一般会成为"废料",目前在钛产业链中游并没有很好地解决这些"废料"有效利用的问题。从降低成本的角度考虑,钛废屑可以替代海绵钛作为部分工业产品的原始配料,如医学领域制造残疾人车,轻工业领域制造食品工业设备和体育运动领域制造登山装备等,这种技术更新生产出的钛金属产品,不仅性能不会降低,而且可以有效降低生产成本,所以废钛渣、钛屑的二次有效利用在中国具有广泛市场前景,也会大大增强中国钛的供应能力。

4. 钛产业链国内外关键技术梳理

钛产业链上游主要涉及选钛、提钛技术,中游涉及钛合金材料和钛回收技术,下游主要涉及钛合金材料应用技术。

(1)钛产业链上游。我国企业在选钛、提钛技术上占有一席之地。四川攀钢集团有限公司(简称攀钢集团)建设了国内一流的选钛智能生产线,在选钛厂实施"两化融合",进行了Manufacturing Execution System(MES)及配套系统项目建设,其中,高炉渣提钛产业化示范项目低温氯化工程,进一步提高了钛资源的综合利用。攀钢集团矿冶技术研究所钒钛矿冶金项目"钒钛磁铁矿选冶联合低成本制造技术""攀钢高炉高球团配比冶炼关键技术",实现提高高炉入炉品位,降低能耗和物耗成本,消除钒钛烧结性能差带来的不利影响,在钒钛磁铁矿第三代冶金技术研究中占据引领地位。但是,目前钒钛磁铁矿尾矿、低品位钛矿、高钛渣的利用还存在一定的技术难点,攀钢集团已建立了高温炭化低温氯化工艺试验线、转炉直接还原-熔融深度还原工艺试验线、氧化还原浸出工艺试验线3条试验线。为提高钛资源综合利用率,分别对高钛炉渣、钒钛磁铁矿和低品位钛矿的技术关键问题进行了研究。国际上,澳大利亚正在支持钛提炼的技术升级,利用皮克山(Mount Peake)的钛钒氧化铁项目技术在爱丽丝斯普林斯开发矿山和选矿业务,在达尔文开发钛钒加工厂,生产钛白粉、五氧化钒、氧化铁等。

(2)钛产业链中游。钛产业链中游主要包括钛白粉技术、海绵钛技术、钛合金技术等。钛白粉生产技术主要包括氯化法和硫酸法,以氯化法为主,2017年,全球约85%的产能被氯化法这种工艺处理。美国杜邦公司和泰诺公司所有二氧化钛生产工厂均采用氯化工艺,沙特科斯特公司、德国康纳斯公司和美国亨斯迈公司的氯化工艺分别占87%、79%和62%。中国钛白粉生产工艺主要为硫酸法,部分企业采用氯化法,四川龙蟒钛业股份有限公司和宜宾天原集团股份有限公司是国内掌握氯化法钛白技术较好的企业。2017年5月,昆明东浩钛业有限公司成功开发出氯化法下高端塑料专用金红石型钛白粉,结束了我国该产品严重依赖进口的历史。

海绵钛技术方面。生产工艺主要是氯化法,目前主要有沸腾氯化、熔盐氯化和竖炉氯化3种制取方法。国际上知名的海绵钛生产企业有俄罗斯的阿维斯玛镁钛联合企业、日本大阪的钛科技公司、日本的东邦钛公司、美国的钛金属公司(ATI)等,从生产技术、质量以及经济指标等多方面因素来看,日本名列前茅。国内主要引进国外技术设备生产海绵钛,从乌克兰引进盘钢技术(熔盐氯化＋倒"U"形炉还原蒸馏),从日本引进洛阳双瑞万技术(沸腾氯化＋"I"形炉还原蒸馏)。目前,攀钢集团钛公司通过实施"钛钢复合板综合增产"工程,已克服熔盐、氯化镁电解槽和还原蒸馏工艺,可批量生产氮氧含量低、布氏硬度高的优质海绵钛,其成套技术和优质海绵钛设备已达到国际先进水平。

钛合金技术方面。美国、日本、俄罗斯等国家的钛合金技术比较先进,尤其是在航空航天领域,全球对航空航天领域钛材的巨大市场需求促进了全球钛合金技术的迅猛发展。首先,由美国引领的全球钛合金的熔炼技术水平较高,其中,冷床炉熔炼技术已经日益走向商业化,可以熔炼出 25t 重的铸锭,生产出无杂质的优质钛。俄罗斯研发了冷坩埚熔炼技术,与冷床炉熔炼技术相似,目前主要用在钛铸件精密制造和离心浇铸工艺上。我国也在优化升级该技术路线,准备发展二代坩埚熔炼技术,以进一步提高我国的钛熔化能力。其次是高性能钛合金粉末冶金技术,这项技术可以直接形成任何形状的钛合金轧制成品,实现近净成形。奥地利的 Plansee 集团采用该技术可以制备超薄钛铝合金板材,已经制备出晶粒尺寸在 $5\sim20\mu m$ 之间的无缺陷钛铝合金板材。国际上,多个国家将该项技术应用于医疗健康器材制造,例如:加拿大的 Biorthex 公司为治疗骨科脊柱损伤,利用该技术用多孔镍钛合金材料制造出颈、腰椎间融合器;德国的克鲁勃医疗技术公司利用该技术生产出了多孔的钛合金股骨柄假体等。国内一些单位也在参与该技术的拓展研发,其中,广州有色金属研究院、清华大学、中南大学等单位分别利用钛粉末注射成形技术制备了相关钛材,北京航空航天大学、西北工业大学、西安交通大学等科研单位分别在 3D 打印技术和增材制造领域进行了技术研发,已经生产出航空航天用的大型复杂结构件和生物医用的材料。

(3)钛产业链下游。钛产业链下游主要是钛合金的应用,由于我国未来钛合金的应用方向主要是军工领域,因此笔者关注点主要集中于军工领域的钛合金技术。中国的宝钛集团有限公司(简称宝钛集团)在钛合金材料领域在国际上占有一席之地,该集团所研发的 4500m 载人深潜器钛合金球壳达到国际先进水平,实现了深潜器关键零部件国国化。宝钛集团自主研发了一种新型钛及钛合金板材热处理校准设备——真空蠕变校准炉。针对国内航天钛合金薄壁型材只能依靠进口的技术障碍,宝钛集团与重型机械研究院合作研制脉冲锻造设备,实现了国产钛合金薄壁型材国产化,现已成为世界上为数不多的拥有脉冲锻造设备并掌握脉冲锻造技术的钛制造企业之一。有研科技集团有限公司克服了国产钛合金型材的技术难题,实现了国产钛合金型材在新一代大型运载火箭"长征五号"上的应用。中国特色的高强度高韧性耐湿钛合金 TC21 和中强度高韧性耐湿钛合金 TC4-DT 已成功应用于国产大飞机上,成为中国航空领域的主要钛合金品牌。研制的新型 CT20 低温钛合金管、板、线、管件已成功应用于国内新一代航天器。特种耐腐蚀钛合金 Ti35 已应用于核乏燃料后处理设备中。湖南湘投控股集团有限公司与兰州兰石换热设备有限责任公司合作研发核电等高端板式热交换器用钛板国产化,打破美国、日本等国家的技术垄断。中国第二重型机械集团德阳万航模锻有限责任公司研制生产的 650℃ 高温钛合金大尺寸整体叶盘锻件已经具备交付型号考核使用条件,等等。

美国、日本、俄罗斯是全球钛合金技术的先进国家,其中,美国是全球最大的钛合金材料生产国,主要有三大钛合金企业(TIMET、RTI 和 ATI 公司)。日本有 5 家钛合金企业,分别是日本神户制钢所株式会社、日本新日铁住金株式会社、日本钢铁工程控股公司、日本大同特殊钢株式会社、日本爱知制钢株式会社。俄罗斯的阿维斯玛镁钛联合企业的主营业务是轧材钛合金,主要应用于航空领域(王本力,2017)。我国在钛合金制品技术上属于跟随者,无论钛材料的开发技术还是钛材料的应用技术都与美国、日本、俄罗斯仍然存在较大的差距。目前,我国发展军工技术急需的钛合金短板产品主要有钛合金型材、深海装备用钛合金大规格材料及大型部件、高强高韧钛合金材料、紧固件用钛合金高品质棒丝材、飞机液压系统用钛合金管材及管路系统制备成形技术、海水管路系统用钛合金超大口径无缝管材及管件和核动力用钛合金异型管材,等等。其中,在钛合金材料上的技术差距主要集中在高温钛合金、耐蚀钛合金、低成本钛合金等材料的开发技术上,在钛合金材料加工上的技术差距主要集中在钛合金精密铸造技术、钛合金等温锻造技术、钛合金表面处理技术,以及钛合金回收利用及快速成型等技术等方面,这些技术限制成为我国钛合金在军工装备等高精尖领域推广应用的瓶颈,客观上导致我国在大型钛合金锻件、钛合金大规格管材、钛合金高端装备、钛合金挤压型材等方面的技术储备不够,意味着我国发展高精尖的军工产业道路仍然较长。

3.3.3 镓矿的应用及产业链关键技术梳理

1. 镓金属在产业中的应用

镓是半导体产业不可或缺的金属元素,其中,半导体生产材料以砷化镓为主。目前,砷化镓也是生产技术最为成熟的生产材料之一,砷化镓主要应用于雷达等通信领域、LED 等光电子领域以及聚光太阳能电池等航天及军工领域。第三代半导体材料的典型材料是氮化镓,应该说,氮化镓是目前世界上最先进的半导体材料,在 5G 通信、新能源、LED 以及雷达等方面具有远大的应用前景(图 3-16)。

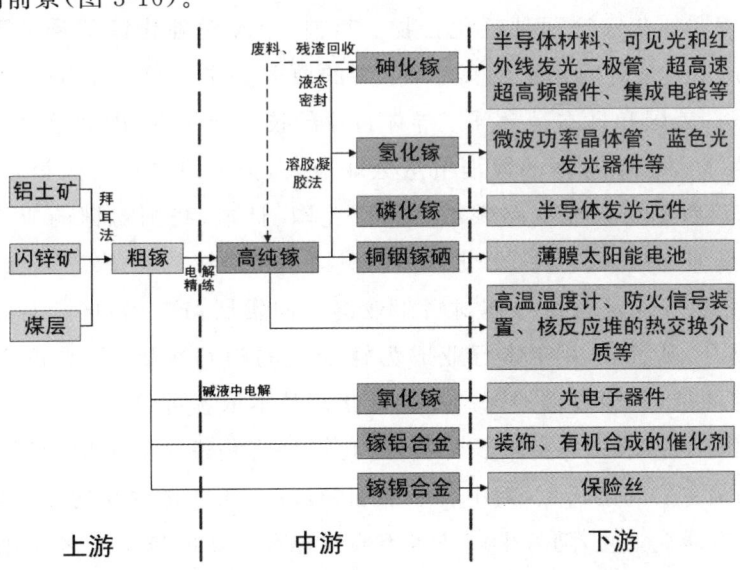

图 3-16 金属镓的产业链(网址:https://www.djyanbao.com/category)

镓的应用领域中,军事领域和航天领域几乎占据了镓合金应用市场的40%以上,其中,镓主要用来生产电子雷达材料和电子战系统材料。在化学工业中,镓主要用来制作双氧水。在石油工业中,主要是与硅合成后用作催化剂。在冶金工业中,主要作为冷焊剂。由于镓基合金具有低熔点的特性,在灭火报警系统的元件制造中,氧化镓成为一种必不可少的冶金添加剂。同时,由于镓具有可抑制骨的再吸收,进而提高骨钙含量的特性,因此成为医学领域用于治疗癌症的有效金属元素之一。

2. 镓资源供需格局变化

我国是镓资源储量大国,约占全球总储量的75%左右。镓主要伴生于铝土矿中,在氧化铝生产过程中被分离提取,中国拥有丰富的铝土矿,因此很多镓生产企业均为氧化铝生产企业,其在铝土矿的冶炼过程中将镓作为副产品回收,但是限于中国的镓提取技术,以及国内对镓矿种重要性的认识不足,很多镓资源未能提取,造成了严重的资源浪费。另外,高纯镓和砷化镓的生产主要由美国和日本掌控,虽然目前我国也掌握了高纯镓的生产技术,但是市场份额并不高,砷化镓的生产与美国和日本差距较大。

目前,镓的生产主要有原生镓和再生镓,世界上原生镓产量最大的国家是中国,由于中国对镓的出口量远远大于进口量,因此中国属于镓的净出口国。中国2019年原生镓产量为310t,占全球产量的96.88%,几乎供应了全球的金属镓需求。除原生镓外,包括加拿大、德国、日本、英国和美国在内的一些国家主要生产再生镓,它们通过镓合金废料或部分废弃电子产品对镓进行回收,在这些国家中,日本的再生镓回收工艺更成熟,再生镓的生产技术领先于其他国家,因此,日本的再生镓是其国内镓需求的主要来源,产量达到供应总量的55%。相比较而言,我国的再生镓市场起步较晚,生产和回收技术仍然不太成熟。

由于半导体工业在国家战略中的地位越来越重要,因此,全球对镓的化合物的需求猛增,尤其是砷化镓和氮化镓这两种镓化合物。目前,全球对砷化镓的需求更大,据统计,全球镓消费量的80%都是对砷化镓的需求,主要的原因是半导体工业的发展导致了砷化镓需求的急剧扩张。美国和日本是全球半导体行业的技术引领者,因此这两个国家长期保持着对镓的旺盛需求,其中,日本的镓消费量全球最大,美国消费量居于第二位,在总消费量中,约64%的镓消费用于集成电路领域。相比美国、日本,我国对镓的应用停留在初级水平,主要消费的是砷化镓、氮化镓、氧化镓等。我国最初对镓的应用最广泛的领域是高性能磁材制造,近几年也在向复合半导体材料工业的方向发展,这个转向趋势带动了国内金属镓的消费迅速攀升,从而使半导体行业成为镓最大的消费领域,几乎占据了总消费量的78%以上。遗憾的是,我国高端的镓产品如砷化镓基本依赖进口。

未来全球对镓的需求将保持增长趋势,砷化镓仍将是最大的消费领域,但是增速较缓。氮化镓也将成为最主要的增长点,其中普通照明领域的LED化对镓的需求增速最快。薄膜太阳能电池正在逐步商业化,随着生产技术不断成熟和市场的进一步多元化,未来薄膜太阳能电池领域的镓需求也将成为一个增长点。

3. 镓资源安全战略

虽然我国是全球镓最大的供应国,但却不具备定价权。国内的镓供应近年来一直领先于其他国家,基本上维持国内供应过剩的局面。中国的镓产能扩张对全球镓供应的迅速增长作出了最重要的贡献,未来全球镓供过于求的局面仍将持续。但是由于我国缺乏价格平台和机制,造成了镓价格困局,导致我国在国际上一直处于定价权缺失的状态。

在镓需求稳步上涨的背景之下,我国镓产业链的弊端日益凸显,作为全球最大的镓供应国,我国没有获取到相应的镓资源战略优势,主要存在如下问题:①我国拥有丰富的镓资源储量,并具备可供应全球的镓产量,但仍然处于镓产业链底端,负责原料的开采和基础镓产品的生产,同时镓提取技术和再生镓回收技术不成熟,造成了严重的资源浪费。②作为几乎供应全球镓需求的镓出口大国,却不具备定价权。③大型矿业企业因提取镓存在着投入大、成本高、产量低等问题,并不愿意在这方面投入过多,其废弃物恰好成了很多中小型企业的原材料,造成镓的生产厂家众多,集中度不高,削弱了国内镓产能,而且可能间接造成环境污染。④战略性新兴产业发展所需的高端镓产品和高纯镓基本依赖进口,国内受技术制约生产能力严重不足,属于技术"卡脖子"产业。

4. 镓产业链国内外关键技术梳理

镓产业链上游主要涉及镓分离提取技术,中游涉及镓回收和氮化镓材料技术,下游涉及半导体和光电子器件领域技术。

(1)镓产业链上游。镓的提取技术主要涉及3种来源:第一,从铝锌冶炼的物料中富集提镓。第二,从锌工业废渣中回收镓。第三,从煤气厂烟尘中提取镓。镓资源的提取包括粗镓提取和高纯度镓提取两种,其中,国内外提取粗镓的方法主要有树脂法和萃取法,我国企业主要使用树脂法。该技术方法主要分为3个步骤:第一步是吸附,在氧化铝母液中利用整合树脂吸附。第二步是分离。第三步是解析,通过对解析液进行除杂和电解,即可以得到金属镓。国外的企业主要利用萃取法提取和生产粗镓。此外,国内外生产高纯镓的方法也有两种,一种是精炼提纯,另一种是电解提纯。其中,精炼提纯是在粗镓的基础上再进一步冶炼和提纯得到高纯镓,电解提纯是直接针对含镓化合物进行熔炼后,以电解的方式进行提纯,再通过化学还原得到高纯镓。

日本同和矿业株式会社拥有全球领先的高纯镓制备技术,通过定向结晶可以将高纯镓的提纯率提高到73%以上。该方法的核心技术是提纯设备,该设备确保通过搅拌的方式保持含镓溶液的持续流动,利用向心力促使溶液中的镓更容易富集在该设备的中央位置,保证后续对镓进行提纯的有效性。法国皮奇尼铝业公司利用液态镓比固态镓密度更大的性质,发明了一个圆柱形储料器设备,从而实现了高纯镓的制备(冯建广等,2018),该储料器是聚四氟乙烯材质,顶部有盖板,底部的挡板可移动,这样设计的好处是促使镓晶体更容易聚集,确保高纯镓的提取效果。

国内一些企业也在积极开发高纯镓的提取技术。中国铝业河南分公司研究所也开发了一种高纯镓制备技术,主要使用结晶法对电解尾期的含镓溶液进行提纯,该技术方法对溶液中含量较高的 Pb、Cu、Sn 等杂质元素去除效果较好,此方法不仅可以将提取得到的高纯镓的纯度提高到 6N 级水平,而且可以大大缩短高纯镓的生产周期。2019 年 5 月,国能准能集团有限责任公司开发出一种高纯镓提纯的关键技术——粉煤灰盐酸法铝镓协同提取关键技术,通过对粉煤灰中有价金属元素的高效溶出,增加矿产开采的额外附加值。同时,该技术还有一大优势,除了高效提纯高纯镓,针对所有具有高酸度和高盐度的溶液,该技术均能高效分离出离子杂质和铝、镓等核心元素,即使溶液中离子杂质复杂多变也不例外。

(2)镓产业链中游。中游主要是镓回收和氮化镓材料技术。其中,镓回收除了传统的湿法冶金和火法冶金之外,还有生物冶金,选用哪种技术主要是根据含镓物料的种类不同而不同。2020 年,深圳市中金岭南有色金属股份有限公司(简称中金岭南)丹霞冶炼厂的"一种从锌置换渣硫酸浸出液中选择性萃取回收镓锗铟的方法"专利荣获第七届广东专利银奖。2021 年,中金岭南"氧压湿法炼锌工艺中稀贵金属高效清洁回收关键技术及产业化"项目实现了锗、镓、铟、铜、锌高效分离回收的清洁生产和溶液体系闭路循环。

氮化镓(GaN)是第三代半导体材料中的典型代表,有良好的物理化学性能与热稳定特性,是制作光电子器件及电力电子器件的理想材料,与其他半导体(如 Si 和 GaAs)相比,GaN 是一种相对较新的材料,但它已成为高射频、高耗电应用的首选材料,美国、日本、欧洲等在全球第三代半导体材料技术上处于领先地位,其中,日本居于主导地位。GaN 外延片技术领先的企业主要有比利时的 EpiGaN 公司、英国的 Industrias Químicas del Ebro 公司(IQE)、日本先端技术科技有限公司(NTT-AT)。我国的苏州晶湛半导体有限公司、苏州能华节能环保科技有限公司和北京世纪金光半导体有限公司等企业也有一定的技术实力。GaN 器件设计技术领先的企业主要有美国的瑷镨瑞思公司(EPC)和 MACOM Technology 公司(MTSI),以及德国的戴乐格(Dialog)半导体公司等,国内有被中资收购的安谱隆(Ampleon)公司等。此外,日本住友电气工业株式会社和美国科锐(Cree)公司是全球 GaN 射频器件独立设计技术领先的龙头企业。相比之下,国内在 GaN 材料领域较为弱势。

(3)镓产业链下游。下游主要应用于薄膜太阳能电池、半导体光电子器件、液态金属等技术。薄膜太阳能技术方面,我国在薄膜太阳能技术上保持全球领先。2015 年,四川汉能移动能源控股集团有限公司实现铜铟镓硒的技术突破,标志着我国在薄膜太阳能技术方面已经领先于西方传统光伏强国。2016 年,由武汉圣德利生物工程有限责任公司、中国科学院上海高等研究院、德国曼兹(Manz)股份有限公司等 12 家单位组成的创新战略联盟致力于进一步研发铜铟镓硒薄膜太阳能产业技术。2018 年,重庆神华薄膜太阳能科技有限公司铜铟镓硒太阳能电池组件产业化项目已经开工建设。

铜铟镓硒薄膜太阳能技术在国外也有发展,2015 年,日本 Solar Frontier 公司开发出标准尺寸的 0.5cm 薄膜太阳能电池,使铜铟镓硒薄膜太阳能电池转换效率达到 22.3%,这比德国斯图加特 ZSW 团队 2014 年 9 月使用铜铟镓硒 0.5cm 电池创造的 21.7% 纪录提高了 0.6%。2019 年,美国密阿苏乐(MiaSolé)公司和欧洲 Solliance Solar Research 合作研发了一种新型柔性铜铟镓硒太阳能电池,该电池以柔性 CIGS 电池为底层,结合两种薄膜太阳能技术将电池堆叠,成功将该电池的转换效率提高到 23% 以上,这是目前全球太阳能电池转换效率的"天花板"级水平。

半导体光电子器件方面。目前全球半导体材料发展到第三代。其中,第一代半导体材料以锗和硅为代表。第二代半导体材料以砷化镓、磷化铟为代表。第三代半导体材料中,氮化镓、氧化镓等成为主要代表,这些材料相比前两代半导体材料的优势是,它们普遍具有带隙宽、原子键强、耐腐蚀性强、热导率高等优点,而且熔点可以高达1700℃。日本在以GaN等为代表的第三代半导体材料的研发应用上处于全球领先水平,这些材料被广泛应用于光电子器件、电力电子器件等领域,一大批企业拥有众多技术专利,三菱、松下、罗姆、古河电气、住友等10余家企业带领部分新兴中小企业深耕多年,2016年4月,日本产业技术综合研究所与日本名古屋大学联合设立了氮化物半导体先进器件开放创新实验室,主要进行氮化物半导体的发光器件技术开发。2016年9月,三菱电机株式会社开发出了饱和输出功率高达220W的GaN制高电子迁移率晶体管。2016年11月,日本松下株式会社在慕尼黑电子展"Electronica 2016"上展示了GaN功率晶体管和该器件的应用实例,同时宣布开始量产耐压600V的GaN功率晶体管。2020年9月,美国俄亥俄州立大学采用调制掺杂技术,将氧化镓设计成纳米级结构,显著提高氧化镓中的电子迁移率,促使氧化镓应用于高频通信系统和高能效电力等领域。国内也有中航(重庆)微电子有限公司(简称中航微电子)、东莞市中镓半导体科技有限公司(简称中镓半导体)等企业从事氮化镓的前沿领域研究,上海市政府曾经投入100亿资金用于半导体材料的研发,部分企业也参与了对飞利浦旗下子公司Lumileds的控股,以实现氮化镓相关技术的国产化。

半导体制造设备方面,通常半导体设备的研发领先半导体工艺3~5年,光刻机、刻蚀机、薄膜机是三大核心设备,技术难度最大,其中,EUV极紫外光刻机全球仅有阿斯麦(ASML)公司可以生产,完全垄断高端市场,日本尼康公司和佳能公司,以及上海微电子装备公司等专注中低端市场。目前,全球刻蚀设备生产居全球前三位的公司是美国的泛林集团(Lam Research)、东京电子有限公司(Tokyo Electron Ltd.),以及美国应用材料公司(Applied Materials)。国内企业包括北方华创科技集团股份有限公司、上海中微半导体设备有限公司、宁波盛吉盛半导体科技有限公司、北京创世威纳科技有限公司等。目前阶段,中航微电子半导体公司仅能够生产15~28nm及以下的芯片光刻机。此外,尽管上海微电子装备(集团)股份有限公司的封装光刻机技术处于全球领先地位,但前道光刻机与ASML相比还有较大的差距。

液态金属方面。镓铟合金是最具应用前景的液态金属,2017年以来,美空军研究实验室(AFRL)的镓铟合金液态金属天线技术已完成实验室阶段的可行性验证和原型件试制,可以有效精简飞机通信设备,实现系统减重。AFRL将3D打印技术用在液态金属实验上,成功打印出了微米级精度的柔性电路的样件。液态金属3D打印技术为常温下制造柔性导线、执行器、电极系统、可穿戴式机械外骨骼的元器件等提供了技术支撑,是目前全球柔性电子器件制造领域的最新前沿技术,在液态金属制造方面前景广阔。

镓铟合金液态金属开辟了未来制造材料的全新领域,预计会在机器人制造领域取得全新突破性的进展。目前,美国科研机构正在开展镓铟合金液态金属的重大基础理论研究,重点探索液态金属的自驱动机制、成分配比、内部结构、宏微观本征性能等方面,这些基础研究是非常前瞻性的,也在为未来开辟科学研究新领域打下理论和应用基础。我国的科学研究也应该尽早开展新领域的布局,特别是在镓铟合金液态金属材料内部机理的揭露方面,目前,中国科学院在基于液态金属结构色的可伪装柔性机器人研究中取得了部分进展,其他科研机构也应该及时跟上。

3.3.4 技术制约型金属矿产应用小结

技术制约型金属矿产的应用基本上集中在高精尖产品制造上,大多与军工领域相关,是这些行业中不可替代的基础原材料。技术制约体现在两个方面:一是受制于技术研发,无法为产业链下游产业提供高端金属制品材料。二是受制于回收技术,无法在初级产品制造过程中最大化二次回收效益,两种制约均存在于产业链中游。产业下游急需的高端制品国内供应不足,需要依赖从具有强竞争关系的国家去进口,我们称之为"卡脖子"技术,一旦国际形势恶化,国内相关产业链就会受到严重冲击。

3.4 未来金属矿产采矿技术的发展趋势

综上所述,无论资源优势型金属矿产、资源紧缺型金属矿产还是技术制约型金属矿产,产业链上游的采矿越来越离不开技术进步,随着全球先进技术领域的拓展,未来采矿业将呈现六大技术趋势。

3.4.1 地下矿山的智能化

全球的地下矿山开采都将更高效、更安全作为矿山经营的最高目标,这需要提高矿山开采的机械化水平和自动化水平。高度自动化和智能化的矿山系统和设备是确保安全高效开采的关键,大型机械设备、智能遥控系统,以及现代化的管理体系已经成为大型矿山的标配。以瑞典基律纳铁矿为例,整个矿山的凿岩、装运、提升都是全自动化的无人操控系统在控制,其中,凿岩使用的是瑞典产SimbaW469型遥控凿岩台车,该台车完全实现自主操控,24h不间断地对矿区实施精准定位施工,整个过程均为远程控制(李国清等,2021)。

3.4.2 溶浸技术应用日益广泛

溶浸技术是目前全球回收低品位金属矿的通用技术,欧美发达国家在处理低品位铜矿石、铜氧化矿石和铀矿石时,主要采用堆浸和原地爆破浸出技术,例如:在铜的回收技术上,美国大多数矿山开采企业就是通过原地爆破并溶浸实现多种金属矿产品的浸出。

3.4.3 深部开采技术

随着采矿技术的进步,矿采深度在不断加深,这必然带来地压增大、岩温过高等地球深部问题,采矿深度越大,相应地在矿山排水、支撑、通风等方面的困难就越大。近年来,我国的矿采深度也已经超过了1000m,如铜陵有色金属集团控股有限公司的冬瓜山铜矿床、金川二矿区等采矿深度正在向1500m迈进。由于矿山开采技术与矿采深度几乎呈非线性态势增长,矿采深度越大,所需要的深部开采技术就越向高、精、尖领域靠近,因此深部开采技术的突破和普及已经迫在眉睫,特别是对中国而言。

3.4.4 矿山环保与综合治理

西方发达国家在矿山环保上比中国起步更早,对由矿山开采带来的一系列环境问题都普遍采用综合治理的方式加以保护,这些国家制定了严格的矿山废水、废气、废渣及粉尘、噪声等排放标准,以法律的形式确保矿山开采后的修复与治理。此外,部分国家的标准更严格,他们甚至强调建立无废料矿山和清洁矿山,对于评估为品位较低的矿山,如果估算的后期环保综合治理成本过于庞大,这些矿山就会被封存,不允许进行开发。其中,德国鲁尔工业区瓦尔斯姆煤矿在建立无废料矿山和清洁矿山方面,给全世界做了一个示范,该煤矿将全部矿山废料经处理后填充到煤矿的采空区,不向外排放任何固体废料。技术原理非常简单,就是将煤发电燃烧后的煤灰、洗煤厂的煤泥、矿山废弃的矿石一起混合,再加入水泥进行活化搅拌,利用 PM 泵将活化搅拌后的矿山废弃混合物高压注入矿山井下充填采空区,既不外排废弃物,又有效利用矿山废弃物,环保综合治理效果极佳。

3.4.5 充填采矿技术应用日趋广泛

充填采矿技术是未来的发展方向,目前国际上的充填工艺主要包括四大类:水砂充填、干式充填、高水固体充填、胶结充填等,这些充填工艺各有优缺点。未来充填采矿技术的发展还需要进行技术突破,但技术突破的着眼点主要有 3 个:第一,确保安全、稳定、高效地采矿,这是所有充填采矿技术向前发展的根本,因此,必须科学认知矿山充填混合物料的物理和化学特征,这可以确保充填料的制备、输送和充放过程的安全和稳定,为高效奠定基础。第二,要以系统化理念综合设计充填采矿技术系统,形成既可以解决实际问题又可以确保安全和稳定的综合系统。这需要研究充填技术的实用性、安全性,以及稳定性,而且需要在综合运用和管理系统上下功夫,提升系统管理能力和支撑能力,从而确保充填采矿的效率。第三,对现有充填采矿技术的优化和升级,以适应不断深化的矿山采矿,这需要在系统设备的更新改造、优质充填料的粒级分布、充填料的制备工艺流程,以及充填料的输送技术等方面不断进行技术改进和优化。近些年,国外一些矿山已经陆续开发出了更加高效的高浓度膏体充填采矿技术,加拿大、南非、澳大利亚等国的矿山正在逐步推广这项技术。

3.4.6 大洋多金属结核采矿

得益于现代高新技术的发展,国际上的大洋采矿技术也有不同程度的进步,目前已经被证明有效的大洋采矿技术主要有 3 种:连续链斗采矿方法、海底遥控车采矿方法、流体提升式采矿方法,其中,连续链斗采矿方法(日本)和海底遥控车采矿方法(法国)这两种方法被试验证明在采矿过程中会导致不可避免的安全隐患,因此已经被弃用。目前,流体提升式采矿方法是被试验证明较为可行的方法,而且已经在国际上被广泛认可,该方法将海底沉积物中的金属结核采集处理,以水力或气力提升的方式将结核输送到海面采矿船上,达到海底采矿的目的,是目前被证明最具工业应用前景的大洋金属结核采矿方法。

3.5 未来与金属矿产相关的新材料技术发展趋势

超材料和复合材料是未来金属矿产的两大新型应用方向,发达国家多年前已经在超材料和复合材料领域进行研发布局,有必要对这两种材料涉及的技术发展趋势做简单介绍。

超材料不是天然材料,是人们为了获取某种天然材料所不具备的某些超常物理性能,通过人为设计稀有金属材料的微结构,实现材料的超常物理性能。国际上对超材料的研究始于20世纪60年代,计算机技术的快速发展和计算材料科学的发展为超材料的研究提供了技术支撑。超材料最开始仅限于电磁领域,后来才拓展到声、光等领域。到目前为止,国际上对超材料的研究仍处在基础研究阶段,少部分逐渐推广到应用研究阶段。由于已经在前期积累了大量的基本原理,超材料在军工装备领域的应用取得了显著的进展,一些重大研究成果也足以支撑军工装备领域的升级,特别是在武器装备性能提升方面,超材料仍有广阔的应用前景和巨大的应用增长空间。

美国军工领域对超材料的研究领先于全球,美国空军甚至将超材料列入未来实验室重点发展的"十大关键领域",美国军工复合体的机制也确保美国海、陆、空拥有充足的经费支持其国内众多军工企业对超材料进行应用研究。日本政府同样重视超材料的应用研究,他们组建了由日本东北大学和东北工业大学等多家科研机构牵头的电磁超材料研究会,重点研发超材料在军工领域特别是下一代新型战斗机上的应用。俄罗斯的也具有超强军工生产技术,他们的第五代战斗机正在研发过程中,预计超材料将是第五代战斗机的主要组成部分。

超材料主要应用于战斗机的隐身方面,美国东北大学在2012年设计和制备了一种超材料,其设计思路是将掺杂了钪金属的M类型钡铁氧体薄片与铜线进行技术组合,组合完成后的超材料可以在36~44GHz的电磁波段内实现可调负折射率,从而实现隐身。俄罗斯和丹麦两国制备超材料的技术路线基本相同,均是使用掺杂铝的氧化锌来制备新型超材料,使战斗机在近红外波段实现隐身的功能。2014年,美国杜克大学研制出了三维声隐身斗篷原型,该斗篷可以在任何角度为战斗机实现声波绕过的功能,属于全球首创的战斗机隐身技术。此外,英国应用超材料开发了一款航空平面天线,相比传统的大型抛物面反射器天线,该平面天线的聚波性能相同(赵飞和郭凯丽,2019),但是,其辐射效率大为提高,这一点更为关键。同时,由于超材料主要用于战斗机隐身,因此,超材料的问世也为吸波材料突破技术瓶颈提供了一个新的思路。美国国防部和自然科学基金会2016年联合资助爱荷华州立大学研发了一种新型柔性雷达吸波超材料,该超材料的柔性特征确保了材料的伸缩自如,而且吸波性能非常优异,在飞行器的智能蒙皮应用上具有非常实用的价值,可以用在新一代隐身作战飞机、无人机等未来空间隐身飞行器等领域。此外,美国国家标准与技术研究院开发了一款超材料,主要由银和纳米级二氧化钛构成,制成平板透镜后不再受传统光学衍射定律的限制,因此能够使光线弯曲而且将紫外线聚焦,从而呈现出浮在自由空间中的物体的三维图像,目前该超材料主要应用在军用光学超薄高分辨透镜方面。

目前,超材料的技术难点主要存在于以下方面:第一,超材料的小尺度加工精度有待提高。主要原因为超材料的微结构单元在微米甚至是纳米级,由于技术的限制,现有加工工艺设备难以满足精量化制造的需求,因此对超材料实现现代工业标准的流水线生产基本不可能,近年来,增材制造(3D 打印)技术在微尺度方面得以快速发展,已经实现了 50nm 的超材料加工精度,假以时日,一旦微尺度加工技术难题得到突破,将极大地促进超材料的制造。第二,需要拓宽超材料的工作频段。目前对超材料的研究集中于一个波段范围,未来新型战斗机的隐身要求更高,需要在多种声波中均具有隐身功能的蒙皮和在多个发射频段具有隐身功能的天线,这需要未来的超材料必须同时具备可见光、红外、雷达波等的隐身功能,因此必须拓宽超材料的工作频段。第三,需要突破设计和生产难度的限制,将超材料的尺寸从二维扩展到三维。在某一个固定的角度对波起作用的隐身功能已经不再适应未来战斗机的要求,开发具备全向隐身功能的超材料是未来军工装备领域的最迫切要求。

复合材料方面。胡燕萍(2017)认为,全球高性能金属结构材料将以轻量化和复合化为主,必须耐高温,同时还要是纳米级轻质金属。全球复合材料技术发展主要服务于新一代航空武器装备制造,按照用途划分,主要突出以下 4 个方面的应用发展:第一,航天器的发动机和机体小部件应用,将向功能多样化、质量轻量化方向发展。第二,复合化超轻量级金属的开发,在传统应用金属基础上通过性能提升满足新型需要,重点是提升新型复合材料的耐腐蚀性。第三,未来武器装备制造材料的多功能化,这种复合材料多功能化的实现主要依靠现代仿生技术和纳米技术。第四,电子信息功能领域的应用,这主要包括氮化镓、石墨烯等新材料的研发,一旦技术获得突破,未来将对武器装备的电子信息功能产生颠覆性的影响。

美欧国家在金属复合材料上的研发技术远远领先于全球。目前,空客公司在飞机起落架上已经开始使用新型耐蚀不锈钢复合材料。德国企业开发出了新型轻质钛铝复合材料,主要用于发动机低压涡轮叶片。美宇航局已经开发出自适应的柔性复合材料,主要用在机翼上。NASA 喷气推进实验室研制出的新型金属合金,可用于航天器防护微流星体轨道碎片。美国佐治亚理工学院研制出的含能复合材料,具有线性多腔合金基和高能量密度结构两大特点,在新一代武器弹药的应用上前景广阔,等等。

第 4 章 战略性金属矿产国际科技合作对策建议

战略性金属矿产主要分为 3 类:资源紧缺型金属矿产、资源优势型金属矿产、技术制约型金属矿产。3 类金属矿产在国家产业升级和转型中的战略地位是一致的,但从金属矿产产业链来分析,不同类型的金属矿产在产业链上游的采选技术和中游的冶炼技术有较强的互通性,采选基本上围绕焙烧、氧化、酸碱浸出等技术的提升,冶炼基本上围绕湿法冶炼和火法冶炼等技术的延伸,尽管针对每种金属矿产的具体技术细节可能并不相同,但总体上还是具有互通性。相比较而言,战略性金属矿产的下游应用技术是真正具有技术含量的环节,往往决定着国家的科技实力和水平,从目前来看,我国除个别金属矿产的下游开发技术在国际上占有部分优势之外,大部分金属矿产特别是新兴金属矿产的下游开发技术和深加工水平是比较短板的地方。在涉及未来航空航天、半导体芯片、新材料、高端装备制造等金属矿产合金领域的开发和利用技术与国际领先水平差距还较大。其中,部分金属矿产下游应用技术的开发可以通过我国企业的自主研发加以突破,也有一部分金属矿产的下游应用技术短期内无法通过自主研发加以突破,仍然必须依赖国际科技合作的渠道加以针对性地开发和利用,这实际上是我国金属矿产领域科技实力增强的最好途径,也是我国产业升级和转型的高质量发展保障。

客观上讲,金属矿产产业链上、中游的采选冶炼技术并不是影响我国产业升级和转型的关键,相比较而言,上中游国际科技合作的渠道和方式也比较畅通,而产业链下游应用和开发技术的创新和升级才是决定我国产业升级和转型的关键,但回头来看我国与未来战略性新兴产业相关的全部金属矿产,几乎每一种金属都在产业链下游的应用和开发技术上与国际先进水平存在较大差距,西方发达国家也正是看准了这一点,从资源和技术两个层面的限制促使我们必须转变产业链下游的国际科技合作模式和方式,立足国内科技资源进行自主创新,开发全球科技力量参与进口替代,切实提升金属矿产产业链下游的技术开发能力,才能够最终实现我国产业的高端升级和结构转型。

国家应该通过调整资源配置方式,做到有限适应和主动引导,将政府、企业、科研院所等相关主体互相统筹,以国家战略需求为目标、以深化国家战略产业链条为基础、以重构全球矿产治理体系为核心,深入推进国际金融体系和贸易规则的换代升级,抓住世界百年未有之大变局、"一带一路"倡议、碳中和等机遇与窗口期,逐步形成"立足国内国际双循环、推动更高水平对外开放与高水平科技自主创新协同"的金属矿产国际科技合作新局面。

4.1 战略性金属矿产国际科技合作现状综述

总体上来看,政府搭台、企业唱戏、科研院所参与仍将是今后很长一段时期内我国矿产资源领域国际科技合作的主要模式。但国家部委、科研院所、矿业企业3个主体对外科技合作的合作方式、合作区域、合作领域均不相同。

国家部委主要以签署战略框架协议和支持国际科技合作交流计划为主,在全球的区域分布和矿产品种上都表现不出太强的差别。截至目前,有超过161个国家和地区与中国建立了科技合作关系,其中,签订了《政府间科技合作协定》的国家和地区有114个,这些国家和地区中,超过73.6%的国家分布在"一带一路"沿线。

科研院所主要以科学技术研究合作和人员技术交流为主,合作的区域选择以欧美发达国家为主,与非洲等不发达地区的合作和交流相对较少,表现出一定的区域差别,主要的原因是欧美发达国家的技术实力和科研水平相对较高,科研院所加强与这些国家的合作和交流有助于国内科学技术水平的提高。合作的金属矿种仍旧以大宗金属矿产为主,战略性新兴金属矿产的合作较少,部分原因是发达国家在战略性新兴金属矿产的科研实力上具有领先优势,不愿意与其他国家分享这种领先优势并相应收缩了相关合作渠道。

在金属矿产领域,我国的国际科技合作主要以矿业企业为载体,矿业企业参与金属矿产所属国家的资源开发和利用的方式主要有3种:合作开发、股权并购、风险勘探等,由于与非洲、大洋洲、南美洲等国家的国际科技合作主要是由矿业企业来主导的,而这些国家无一例外都是矿产资源较为丰富的国家,因此我国矿业企业的国际科技合作的区域选择具有较强的指向性,比如非洲的刚果(金)、赞比亚等国家。矿业企业根据自身主营业务有选择地在全球开展矿产合作,深度参与金属矿产所在国家的社会经济活动,成为当地经济发展和矿业开发不可分割的一部分,同时也成为我国金属矿产资源安全的重要组成部分。合作矿种方面,以铜、钴、铁、金、铝几大矿种为主,其中,铝的合作尽管不是最多,但是近几年增长最快;铁的合作以澳大利亚和加拿大为主,在非洲地区几乎没有,后面将逐渐扩大在非洲和东南亚地区的合作;钴是少有的几个国际合作较多的新兴金属矿产之一,主要是因为钴是铜矿伴生矿产。

总体来看,我国矿业企业的国际科技合作也主要是在大宗金属矿产领域,新兴金属矿产领域的合作相对较少。主要的原因有3个:一是我国仍处于后工业化时期,铁、铜、铝、锌等大宗金属矿产仍是我国重点产业急需的原材料,我国在大宗金属产业链的技术相对比较成熟。二是我国部分战略性新兴金属矿产具有资源整体优势,近几年国家加大了资源和技术合作的宏观调控。三是部分资源紧缺型新兴金属矿产由于下游应用产业的高科技特性,特别是在金属矿产的下游产业开发应用技术合作上,受到美国等技术领先国家的挤压,能够获取的国际科技合作资源有限。

此外,从合作规模上看,我国矿业企业在金属矿产领域的国际科技合作规模基数是比较小的,合作的金属矿产生产总值在全球矿产产值中的占比也较小,且矿业企业集中度不高,成分较为分散。近几年,我国矿业企业对外科技合作的增长幅度没有明显提高,在目前的资源治理体系框架下,进一步加强国际科技合作的增长空间也有限,但非洲地区是个例外,尽管与传统的国际大型矿业公司相比,我国矿业企业在非洲拥有的矿产总产值仍然较低,但近几年我国矿业企业与非洲地区的矿业合作增长非常快。合作国家方面,中国矿业企业主要以资源需求为导向,逐步寻求与非洲地区国家的矿产合作,目前主要的合作国家是刚果(金)和赞比亚。另外,大部分东南亚国家由于没有受到美国全球资源战略的实质性影响,我国矿业企业适当增加东南亚地区国家金属矿产合作的机会也非常大。

4.2 战略性金属矿产国际科技合作需求综述

我国正处于经济转型期,无论紧缺型、优势型还是技术制约型金属矿产都存在资源和技术需求继续增长的趋势,因此建立基于国内金属矿产资源条件和进一步国际科技合作渠道与方式的稳定国际合作机制成为当务之急,矿产的全球化路径从来都不是经济目标优先,而是政治目标优先。当前国际环境日趋复杂,不确定性明显增加,全球金属矿产供需处于紧平衡状态或将长期存在,未来我国的新兴产业大多与金属矿产相关,目前来看这些产业的高质量发展将面临诸多挑战。

紧缺型大宗金属矿产存在以下特点:①资源禀赋较低,但消费需求量位居全球第一,资源进口受制于人,易受进口国家政策调整影响。②产业链上游资源开发技术突破难度大,存在资源过度开采及浪费现象。③产业链中游产品附加值低,存在产能严重过剩的矛盾。④产业链下游高端产品主要依赖进口,技术跟随难度越来越大。

紧缺型战略性新兴金属矿产存在如下特点:①资源短缺常态化,是国家产业发展必需矿产,必须依靠科学技术进步换取资源获取空间。②消费量全球第一,但主要依赖进口,在加强国际科技合作上没有替代方案。③未来新兴产业的重要资源,与全球主要经济体存在强竞争关系,面临"卡脖子"风险。④金属产业链下游的应用开发技术水平与国外先进水平有较大差距。⑤资源二次回收利用产业集中度低,回收利用技术开发程度较低。

资源优势型金属矿产拥有以下特点:①资源总量较高,但矿产品位不高,开采成本较高。②资源分布不均,多数矿产为伴生矿产,在产业链上游开采和提取技术没有本质提高的情况下存在过度开发、资源浪费和环境污染的现象。③产业链中游技术附加值不高,中低端基础原料产品无法满足下游高端产业的需要。④是资源大国但不是技术强国,多数资源优势金属矿产在国际上没有行业话语权,没有将资源优势转化为技术优势。

技术制约型金属矿产的应用基本上集中在高端产品制造上,大多与军工领域相关,是这些行业中不可替代的基础原材料,因此更加受到全球主要经济体的宏观调控。技术制约主要体现在两个方面:一是受制于技术研发,无法为产业链下游产业提供高端金属制品材料。二是受制于回收技术,无法在初级产品制造过程中最大化二次回收效益,两种制约均存在于产业链中游。产业链下游急需的高端制品国内供应不足,需要依赖从具有强竞争关系的国家去进口,我们称之为"卡脖子",一旦国际形势恶化,国内相关产业链就会受到严重冲击。

可以看出,无论资源短缺型矿产还是资源优势型矿产,或者技术制约型矿产,都必须坚定地贯彻国际科技合作的路径,尽管国际合作的方式和策略不同,但必须充分利用国际国内两个市场确保资源供应和技术全产业链赶超,这一点是毋庸置疑的。但我们存在一系列不利因素,首先,资源的一次开发技术较为粗放,二次有效回收和利用技术也是我们的短板。其次,新兴产业金属矿产与全球主要经济体存在强竞争关系,在当前国际政治关系背景下,我国处在技术竞争弱势的一方,处在随时被"卡脖子"的位置,这是我们必须认清的形势和现状。再次,我国是矿业全球化战略的后行者,在世界主要矿业国家已经具备先发优势的条件下,破解后发优势的渠道成为我们无法回避的选项。最后,科技突破能力需求普遍存在于金属矿产产业链的全链条,这客观上会放大资源瓶颈的短缺效应。

事实上,科技研发能力、科技创新能力的短缺才是以上所有劣势的根源所在,也只有实现科技研发能力和科技创新能力的突破才能从根本上解决金属矿产的资源短缺和后发劣势的问题。尽管我国工业化发展过程中长期走的是技术引进和跟随模仿的路径,但从目前的全球经济形势来看,仍然延续前期的路径几乎不再可能,必须坚定地走技术自主创新这条路,技术自主创新与国际科技合作并不矛盾,在国际单边主义抬头的今天,我们更要创新国际科技合作方式和模式,以更加开放的态势参与到全球第三次技术革命进程中去。2021年5月28日,习近平总书记在第二十次院士大会和中国科协第十次全国代表大会上所强调的,可以概括归纳为以下5点:①要注重原创性、引领性的科技攻关发展,在关键核心技术攻坚战中取得胜利。②加强国家战略科技实力,提高国家创新体系整体效率。③加快支撑科技创新的制度改革,推动完善科技创新体制。④加强科技对外开放型创新,开展全球科技合作。⑤加强创新型人才的培养,激活各类创新主体的活力,建设全球人才高地。事实上,正值新一轮科技革命和产业转型演进的关键时期,习近平总书记提出的这5点为"十四五"及未来的加快建设科技强国任务明确了重点。金属矿产领域的国际科技合作也不例外,要通过加强国际科技合作与人员交流,促进国内产业全链条的科技创新步伐,通过国内科技资源配置体制调整,布局科技界与产业界的联动,在此基础上,通过金属矿产产业链上游的技术进步解决勘探和开采的技术障碍,通过产业链中游的科技创新解决冶炼和高附加值的瓶颈,通过产业链下游的科技引领解决产业链延伸的困境,最终目的是占领科技创新制高点,获取产业升级与转型的先发优势。

4.3 金属矿产国际科技合作需重点关注的几个问题

改革开放以来,中国在金属矿产领域的国际科技合作在经验、管理理念、投资模式、资源开放等方面取得了令人瞩目的进步(张伟波等,2019),在取得一定成功经验的同时,仍需要坚持两个基本原则:一方面,要遵守市场运行法则,不断增强企业自身的综合科技实力。另一方面,在国际合作中,无论人才储备还是行事标准,都应严格按照国际通行标准严格要求自己,这是矿业企业坚定走自主创新的国际科技合作路径的法宝。需重点关注的问题如下。

(一)关注国际市场形势,遵循国际市场规则,把握矿业行业政策

目前,可以影响国际形势的因素较多,中国的矿业企业在后发优势较小的情况下要想实现国际资源与市场的双重丰收,必须要重视研究国际矿业行情,精准把握国际政治和经济形

势。目前来看,美国因素尤其需要重视,2019年和2020年,美国政府先后颁布一系列资源政策,其中与金属矿产相关的主要有两个:《确保美国关键矿产安全和可靠供应的联邦战略》和《解决依赖国外关键矿产矿物对国内供应链构成威胁的行政命令》。2021年,新任总统拜登上台后,一系列围绕围堵中国主题的全球战略布局有实现资源独立、加快美国掌控全球矿产资源的目的,更要关注这种围堵对国际矿业形势带来的动态影响。

（二）共建高质量"一带一路"建设项目

在"走出去"战略的实施过程中,我国矿业企业应秉持绿色、开放、诚信的理念,坚持共商共建共享的原则,加强合作中的安全保障,力争协同发展。同时,促进与矿业有关国际组织和监管部门之间的交流,实现规范化和可持续性的矿业产能国际合作。既要尊重现有规则体系,又要适时引领互惠互利新规则的构建。

（三）聚焦战略性金属矿产国际科技合作,以技术进步促进资源保障能力

《中华人民共和国国民经济和社会发展第十四个五年规划纲要》(以下简称规划)中对新能源汽车产业的销售量提出了明确的目标,规划指出2025年的新能源汽车销售量要占据新销售汽车的20%。同时,规划提出要进一步提升和发展动力电池全价值链的技术,鼓励企业提高锂、镍、钴、铂等关键技术开发和应用能力。国家应以矿业企业为主导,配套相关政策支持,实行"一矿一策",尽早布局战略性金属矿产的全产业链对外科技合作策略,确保技术不再受制于人。

（四）创新企业合作及投资模式,健全多元化投融资国际科技合作体系

多元灵活的合作模式已经成为我国矿业企业国际科技合作的法宝。2020年7月,洛阳栾川钼业集团股份有限公司与加拿大三旗贵金属公司(Triple Flag Precious Metals Corporation)签署了相关国际矿业合作协议,从企业融资模式上转变传统合作方式,以金属流动代替资金流动,开创了国内矿业企业探索国际科技合作模式的新方向。这种具有颠覆性的国际矿业合作创新将为进一步完善中国"一带一路"相关配套体系打好基础,对进一步提升国内矿业企业的科技发展实力等方面具有深远的影响。

4.4 发挥国家部委在金属矿产国际科技合作中的主体引领作用

随着中美经贸摩擦愈演愈烈、国际科技竞争不断升级,给我国金属矿产国际科技合作带来了严峻的挑战,国际科技合作的思路需要转变,合作的途径需要创新,使得开发创新成为全领域国际科技合作的重要主题词。有效衔接国际科技合作与开放创新,是基于我国已经连续完成国际科技合作4个五年规划的基础上,国家对新时期"实现高水平对外开放、推动高质量发展"国际科技合作工作的新要求。

金属矿产国际科技合作要"以科技创新催生新发展动能",关键是要发挥国家部委的主体引领作用,在科技自主创新上充分融合"揭榜挂帅"优势,持续深化科技国际合作,以全球价值

链地位提升为目标,与国家价值链相适配,通过"项目+平台+产业链"的方式推动金属矿产领域全球科技治理变革。主要建议如下。

(一)强化金属矿产国际科技合作的战略引导

我国金属矿产国际科技合作的战略引导主要基于中国经济转型和产业升级的大目标,尽管这个大目标的实现将非常艰难,但一旦战略目标得以实现,将改变现有的世界技术和产业结构,也必然改变世界贸易结构。

金属矿产国际科技合作是获取开发全球战略资源的一种重要科技能力,我们不能因为西方发达国家的先发优势和抱团围堵而停止增强这种能力,建议科技部牵头立项,针对战略性金属矿产制定"一矿一策"的国际科技合作战略,在国际政策研究、投资环境评价、产业链延伸等方面依托相关科研机构/平台或矿业企业建设战略"智库"项目,长期跟踪国际技术前沿动态,每年提出咨询报告,国内相关产业规划依据"智库"报告动态调整上游金属原材料产业发展目标。

(二)搭建国际矿业信息服务平台,提高信息服务水平

我国有关国际矿业信息的公共服务平台主要有中国地质调查局的"地质云"项目和工信部发布的矿业行业信息,以及部分工业协会提供的矿产价格指数信息,且因为保密的原因,大部分数据信息不能够完整反映境外金属矿产的动态信息。部分矿业企业下设研究院的研究报告针对性较强,但获取公开信息的渠道较少。自然资源部编写的《中国矿产资源报告》和《矿产资源开发利用统计年报》将内容重点放在国内,对国际矿业信息涉及得较少,因此对金属矿产国际科技合作的指导意义较弱。

抛开保密因素,国内几乎没有国际矿业的资源储量、品位、国别、矿权分布等基础数据的公开获取渠道,大多数关于国际矿产的基础数据是从美国地质调查局网站上获取的。因此,从国家产业升级的战略高度出发,应该从政策、资金、信息和技术方面,搭建和共享国际矿业的基础数据服务平台。近年来,国内也陆续搭建了不同需求目的的信息平台,积累了大量的数据,但数据共享机制并不畅通,存在数据分享壁垒和数据共享"孤岛"现象,信息服务渠道不健全。建议由科技部牵头,在自然资源系统尽快建立专门针对矿产资源特别是基于全球化战略的国际矿业信息的综合服务系统平台,实现全免费、全公开服务。

(三)发挥数字货币市场优势,促进投融资体制机制综合改革

我国在数字货币市场拥有先发优势,在强化人民币结算国际体系建设方面有增量需求,金属矿产的国际科技合作离不开金融市场投融资体制机制的配套改革。国家战略性新兴产业发展与战略性金属矿产技术创新的协同推进,应该以绿色金融等制度创新为"策",针对不同的矿产资源国家,推进包括政策目标、重点领域、体制机制等在内的战略性金属矿产技术创新金融发展的综合框架,深化自然资源产权等绿色投融资体制机制改革,目标之一是提升国内全领域金属矿产产业链的可持续发展能力,目标之二是吸引国际金融市场的关注,特别是对关键金属矿产产业链的整体关注,以此促进国内外与战略性新兴产业相协调的政策激励措

施的形成,打造产业创新驱动新样本。建议科技部牵头,联合国家发改委、中国人民银行、自然资源部、工业和信息化部、生态环境部、商务部等部门,组建战略性新兴产业与战略性金属矿产技术创新协同领导小组,促进新一轮战略性新兴矿产技术创新金融政策的落地。

(四)拓展科技资金支持,完善国家创新体系,提升自主研发能力

我国工业发展的历史经验证明,中国产业布局的可持续发展只能依赖自身基础科技研发实力的进步。

首先要加大金属矿产原材料方向的基础科研投入,目前来看,涉及金属矿产领域的基础性研究的经费支持渠道和方式还比较单一,持续性不强,产业界与科研界的联合攻关机制仍不健全,不利于国家创新体系的构建。这实际上是由我国产业发展面临的严峻现实所决定的,我国的产业进步已经迈过了单纯依靠技术引进实现技术跟随的阶段,在无从引进或借鉴新技术的前提下,只能依赖基础研究创新自力更生,在自主创新上下血本,最终实现产业前沿领域的技术引领,这背后是整个国家创新体系的重新洗牌,包括知识体系、价值体系、人才体系等的重构。

在金属矿产领域的创新机制上,建议以科技部为主体进一步拓展科研经费支持渠道,立足国内金属矿产自主创新,以矿业企业为主体、"产学研用"一体化发展,提升自主研发能力。在加快技术转移规则的制度建设的同时,把重点放在前沿技术在产品上的应用,如量子计算与通信、智能汽车、生物技术等,特别要强化与战略性新兴产业之间的衔接,如高性能医疗器械、大飞机制造、高档数控机床以及大飞机制造等产业,逐步缩小与国际的差距。

(五)整合优势资源,开展科技攻关的联合合作

金属矿产全产业链技术突破的重点要放在产业链的核心技术和关键技术上。国际科技合作的能力最终体现的是国内科技实力的强弱,在找准重点产业关键技术、前沿引领技术和颠覆性技术的前提下,加强国内资源整合,加大优秀人才集聚,重点集聚战略性新兴产业,采取重大工程的联合攻关形式,精准实施"卡脖子"攻关计划,逐步解决战略性新兴产业发展受制于其他国家的问题。

以战略性金属矿产找矿突破及应用拓展为"基",筑牢战略性新兴产业高质量发展的资源基础,形成需求牵引供给、供给创造需求的更高水平动态平衡。建议科技部立项战略性金属矿产的联合攻关计划,着力解决资源紧缺,支持国际稀土、锂、钴、铌、钽等战略性新兴金属矿产资源勘查和开采,提升勘探开采技术水平,完善二次回收体系增强下游产业技术研发能力,逐步形成涵盖勘探、开采、冶炼、分离、制造、消费和回收等全生命周期的关键矿产供应链、产业链(景玉琴,2022)。

以新材料振兴战略为"核",提升金属矿产新材料在全球价值链的技术地位,推进新材料振兴战略。建议科技部设立专项基金,针对不同金属矿产与相关国家开展优先国际科技合作,以突破战略性金属矿产作为原料的新材料技术瓶颈为目标,加快战略性新兴产业发展与关键矿产技术创新的高度融合,做强做大新材料产业。

（六）打造世界级产业集群，增强国际竞争力

继续坚持新兴产业对外开放的战略，着力推进全球科技领域的产业合作与交流，谋求协同发展，促进新一轮全球价值链分工体系的进一步融合与加深。推动矿业企业立足国际市场持续深化"走出去"战略的实施，引导新兴产业基于"一带一路"框架开展广泛国际合作。在开放、合作、共赢原则下渐次提升我国矿业企业的国际话语权，在此基础上，配置好国际国内两种资源，以培育若干世界级先进制造业集群为目标，为全球金属矿产产业集群积极营造优良的创新发展环境。

产业集群应着眼"十四五"规划以及未来国家金属矿产产业发展的需求，解决金属矿产供应链、产业链的稳定性和国际竞争力问题，有效推进产业链现代化，全面提升产业链的管控水平。建议科技部牵头组建探采选冶国际一体化实验室联盟或上下游一条龙试验创新基地试点，促进成矿预测、找矿勘探、综合评价与有效利用等方面的突破，加快稀土、铌、钽、锂等战略性金属矿产产业集群化进程。

4.5 我国优化金属矿产产业链的3个五年目标

关键金属矿产的技术创新主要集中在下游产品的开发利用，产业链脆弱性明显，技术路线不太清晰。随着新能源汽车、先进制造业等战略性新兴产业规模的不断扩大，对稀土、锂、钴等关键矿产及其相关新兴材料的技术开发需求剧增，产业链安全现代化面临诸多风险。如何推进关键矿产技术创新与新兴材料应用的协同，在关键矿产安全与战略性新兴产业发展之间寻求长期平衡，实现全产业链自主可控，是国家战略性新兴产业链现代化必须尽快解决的重要问题。

五年目标（2021—2025年）：确保产业链上游技术跟随路径畅通。通过全方位的国际科技合作，利用好"国内、国外"双循环，加大矿产资源勘查，引领找矿、采矿、选矿、冶炼新技术，基本保障战略性金属矿产资源供应和技术跟随。

十年目标（2025—2030年）：促进产业链中游新材料开发技术的自主创新。创新体制机制，发展基础科学，提高国家科技硬实力，确保战略性新兴金属矿产新材料产业的振兴，为《中国制造2025》战略性新兴产业的升级打好基础。

十五年目标（2030—2035年）：打造上中下游全产业链的有机融合。利用好金属矿产新材料自主创新振兴的契机，结合中国战略性新兴产业的下游产业，进一步加强国际科技合作渠道和方式，建设现代化的国家战略性新兴产业全链条体系，推动从"中国制造"到"中国创造"的转型升级，全面突破国家产业进步的技术屏障，引领全球新兴产业新航向。

主要参考文献

曹艳,谢素美,李宁,等,2022.我国海洋战略性新兴产业研究综述[J].海洋开发与管理,39(12):53-59.

陈从喜,2014.抓住机遇构建资源战略布局[J].国土资源(8):20-21.

陈甲斌,霍文敏,冯丹丹,等,2020.中国与美欧战略性(关键)矿产资源形势分析[J].中国国土资源经济,33(8):9-17.

陈甲斌,余良晖,2020.中美欧矿产资源形势对比分析[M].北京:地质出版社.

陈念,钟辉,颜辉,2014.国内外卤水提锂工艺技术现状[J].盐业与化工,43(3):1-4.

陈其慎,于汶加,张艳飞,等,2015.资源—产业"雁行式"演进规律[J].资源科学,37(5):871-882.

陈其慎,于汶加,张艳飞,等,2016.点石:未来20年全球矿产资源产业发展研究[M].北京:科学出版社.

陈其慎,张艳飞,邢佳韵,等,2021.国内外战略性矿产厘定理论与方法[J].地球学报,42(2):137-144.

陈喜,杨春利,黄江龙,等,2023.高电压钴酸锂正极材料研究进展[J].材料导报,37(13):39-52.

陈喜峰,陈秀法,李娜,等,2019.全球铼矿资源分布特征与开发利用形势及启示[J].中国矿业,28(5):7-12,23.

陈绚柱,2007.我国必须坚持对锡矿资源的保护性开发[J].世界有色金属(12):10-11.

陈毓川,2002.建立我国战略性矿产资源储备制度和体系[J].国土资源(1):20-21.

陈占恒,2020.2019年我国稀土产品进出口统计分析[J].稀土信息(3):22-26.

陈正国,颜玲亚,高树学,2021.战略性非金属矿产资源形势分析[J].中国非金属矿工业导刊(2):1-8.

陈子瞻,郭冉启,韩梅,等,2023.中国铍资源供给风险分析[J].地球学报,44(2):369-377.

戴文静,2019.高职院校服务战略性新兴产业的实现路径[J].岳阳职业技术学院学报,34(5):1-5.

范丽新,陆青,2017.EDTA滴定法测定粗锡中铅[J].冶金分析,37(5):68-72.

冯建广,高增,王振江,等,2018.镓在工业生产中的提取与应用[J].硅酸盐通报,37(9):2852-2856,2861.

主要参考文献

冯黎,朱雷,2020.中国集成电路材料产业发展现状分析[J].功能材料与器件学报,26(3):191-196.

高骏,王小烈,张艳飞,等,2017.东南亚矿业及相关产业产能合作研究[J].地球学报,38(3):413-422.

古忠涛,叶高英,刘川东,等,2009.射频感应等离子体制备球形钨粉的工艺研究[J].强激光与粒子束,21(7):1079-1082.

管仁国,娄花芬,黄晖,等,2020.铝合金材料发展现状、趋势及展望[J].中国工程科学,22(5):68-75.

郭娟,崔荣国,王卉,等,2020.世界铼资源供需现状及展望[J].国土资源情报(10):67-74,66.

郭钟群,金解放,赵奎,等,2018.离子吸附型稀土开采工艺与理论研究现状[J].稀土,39(1):132-141.

韩见,夏鹏,朱清,等,2021.全球矿业并购市场特点及前景展望[J].中国矿业,30(3):8-13.

郝荣,2019.中国铜冶炼行业发展探讨[J].中国有色金属(8):68-69.

何腊柏,2010.中国企业境外资源合作模式选择[J].世界有色金属(2):20-25.

贺冰清,姚华军,2010.实施全球矿产资源战略需要金融支持[J].中国国土资源经济,23(1):13-16,54.

胡燕萍,2017.2016年度国外航空材料技术重大进展[J].科技中国(4):1-3.

黄琳,2020.中国与南部非洲矿业合作选区研究[D].北京:中国地质大学(北京).

黄晓兵,2018.中国钴资源安全评估[D].北京:中国地质大学(北京).

黄玉,2012."稀土打黑"进入实质阶段,行业集中度将提高[J].中国金属通报(47):21-23.

霍文敏,陈甲斌,2020.全球铟矿资源供需形势分析[J].国土资源情报(10):34-38.

贾文龙,2010.我国开展矿产资源领域国际合作的必要性及设想[J].中国矿业,19(6):4-7,25.

金平,刘楚明,余学德,等,2015.中国铜加工产业现状及发展趋势[J].有色冶金设计与研究,36(2):32-35,38.

景玉琴,2022.虚拟经济风险预警与防范——马克思主义政治经济学的分析[J].改革与战略,38(4):58-69.

李宝毅,赵亚娟,王蓬,等,2019.电磁防护超材料在国防领域中的应用与前景展望[J].电子元件与材料,38(5):1-5.

李东星,2019.盐湖老卤开发利用进展[J].盐科学与化工,48(8):6-10.

李国清,王浩,侯杰,等,2021.地下金属矿山智能化技术进展[J].金属矿山(11):1-12.

李家林,余永富,陈雯,等,2019.某含铬钛铁矿强磁粗精矿闪速焙烧试验研究[J].金属矿山(8):83-87.

李来平,刘燕,曹亮,等,2020.铼技术研究进展[J].中国钼业,44(4):1-6.

李会强,唐忠阳,何利华,等,2014.离子交换技术在钨冶金中的应用与进展[J].中国钨业,29(5):34-39.

李娜,高爱红,王小宁,2019.全球铍资源供需形势及建议[J].中国矿业,28(4):69-73.

李强,2017.未来全球稀土供需格局分析[J].经贸实践(19):305.

李睿思,2021.上海合作组织人文领域合作:现状、问题与对策[J].俄罗斯学刊,11(3):67-82.

李晓坤,2012.世界镍价看中国[J].中国检验检疫(2):45-46.

李晓宇,2019.保护性开采特定矿种评价指标体系与管理制度研究[D].北京:中国地质大学(北京).

李政,陈从喜,葛振华,等,2020.中国钛矿资源开发利用形势探讨[J].国土资源情报(10):75-80.

梁飞,赵汀,王登红,等,2018.中国铍资源供需预测与发展战略[J].中国矿业,27(11):6-10,17.

梁飞,2018.我国铍资源特征、供需预测与发展探讨[D].北京:中国地质科学院.

梁姗姗,杨丹辉,2018.矿产资源消费与产业结构演进的研究综述[J].资源科学,40(3):535-546.

刘超,陈甲斌,2020.全球钴资源供需形势分析[J].国土资源情报(10):27-33.

刘继军,胡国荣,彭忠东,2011.红土镍矿处理工艺的现状及发展方向[J].稀有金属与硬质合金,39(3):62-66.

刘钧沅,党伟民,赵振华,等,2023.综合物探方法在中非加丹加铜钴矿带上的勘查效果分析[J].矿产勘查,14(7):1096-1105.

刘同有,2003.中国镍钴铂族金属资源和开发战略(上)[J].国土资源科技管理(1):21-25.

卢建,2010.中国再生铜行业发展现状与展望[J].资源再生(1):20-22.

卢兆群,成世才,宋永芬,等,2016.济南某地区裂隙岩溶地下水硝酸盐污染现状及溯源浅析[J].化工矿产地质,38(4):226-231.

吕威,2021.我国战略金属矿产资源保障能力态势分析[J].世界有色金属(4):91-92.

马宏昌,2019.多孔铍屈服准则的确定及其在铍粉热等静压成型模拟中的应用[D].银川:宁夏大学.

马奎,洛桑才仁,陈超,等,2019.全球锗资源分布、供需及消费趋势研究[J].矿产保护与利用,39(5):16-25.

马瑞先,2007.基于循环经济的企业生态化发展模式研究[D].哈尔滨市:哈尔滨工程大学.

毛素荣,李光明,钟乐乐,等,2022.铍的选矿研究现状和展望[J].有色金属(选矿部分)(6):17-24,154.

彭齐鸣,2017.提高战略性矿产供应能力,推动新兴产业快速发展——在"战略性矿产供需形势分析研讨会"上的讲话[J].国土资源情报(1):1-3,41.

施兴国,2022.我国水泥行业的市场特征及未来发展趋势[J].中国水泥(5):50-53.

主要参考文献

史翰征,2022.专精特新"小巨人"企业画像——来自4762家企业的统计分析[J].中国经济周刊(15):98-100.

田明华,郑婕妤,莫昕芃,等,2023.双循环新格局视角下我国木质人造板高质量发展路径研究[J].林产工业,60(9):74-82.

汪灵,2019.战略性非金属矿产的思考[J].矿产保护与利用,39(6):1-7.

王安建,高芯蕊,2020.中国能源与重要矿产资源需求展望[J].中国科学院院刊,35(3):338-344.

王本力,2017.钛产业发展概述及我国的机遇、挑战与对策[J].新材料产业(3):2-6.

王红彬,2017.锡冶炼技术发展现状及展望[J].中国有色冶金,46(1):19-22.

王秋舒,元春华,2019.全球锂矿供应形势及我国资源安全保障建议[J].中国矿业,28(5):1-6.

王薇,2013.铼的化学气相沉积前驱体的合成探究[D].昆明:昆明理工大学.

王艺博,2021.战略性钴资源回收的潜力评估与政策支撑研究[D].北京:中国地质大学(北京).

王永鹏,宋克兴,国秀花,等,2009.高速电气化铁路接触导线的应用现状及研究进展[J].热加工工艺,38(14):32-35,40.

吴巧生,周娜,成金华,2020.战略性关键矿产资源供给安全研究综述与展望[J].资源科学,42(8):1439-1451.

武轶,李颖,陈其慎,等,2016.中国矿产资源海外供应安全形势浅析[J].中国矿业,25(4):6-9,25.

夏振荣,2016.提升我国锡在国际市场定价话语权的对策研究[D].北京:北京邮电大学.

谢锋斌,李颖,陆挺,等,2014.未来全球稀土供需格局分析[J].中国矿业,23(10):5-8.

熊盛青,徐学义,2023.航空地球物理在战略性矿产勘查中的应用前景[J].地球科学与环境学报,45(2):143-156.

徐玄,顾进跃,顾伟华,等,2015.等离子喷涂成形技术的研究现状和应用进展[J].中国钨业,30(3):43-53.

宣宁,2010.锗:新材料之骄子[J].中国金属通报(30):14-19.

杨卉芃,王威,2019.全球钴矿资源现状及开发利用趋势[J].矿产保护与利用,39(5):41-49,55.

杨支海,吕艳琼,2021.单宁灼烧窑进料系统无组织排放治理[J].中国矿业,30(S1):431-434.

于汶加,陈其慎,张艳飞,等,2015.世界新格局与中国新矿产资源战略观[J].资源科学,37(5):860-870.

余良晖,2019.国内外镍资源供需格局分析[J].矿产保护与利用,39(1):155-162.

余韵,2019.近期主要矿业国资源战略调整浅析[J].国土资源情报(6):3-7.

张邦胜,刘贵清,刘昱辰,等,2020.世界镍矿资源与市场分析[J].中国资源综合利用,38(7):94-98.

张福良,李雨潼,李晓宇,2018.国内外稀土资源开发利用现状及新时期我国稀土管理建议[J].现代矿业,34(12):11-14,20.

张曼,2020.过渡金属氧化物负极材料的设计、制备及储锂性能研究[D].曲阜:曲阜师范大学.

张若然,陈其慎,柳群义,等,2015.全球主要铂族金属需求预测及供需形势分析[J].资源科学,37(5):1018-1029.

张伟波,陈秀法,陈玉明,等,2019.全球铟矿资源供需现状与我国开发利用建议[J].矿产保护与利用,39(5):1-8.

赵飞,郭凯丽,2019.美国防空反导系统雷达新技术发展及应用[J].军事文摘(7):44-47.

赵锋,2022.职业技能培训教材开发方向和思路浅析[J].职业(7):16-17.

赵慕岳,范景莲,刘涛,等,2010.中国钨加工业的现状与发展趋势[J].中国钨业,25(2):26-30.

郑仙蓉,2013.中国矿企:大胆"走出去"![J].地球(11):46-49.

中国地质调查局编,2019.全球矿业发展报告2019[R].北京:中国地质调查局国际矿业研究中心.

中国地质调查局发展研究中心,2020.战略性新兴产业若干关键矿产开发应用与展望[M].北京:地质出版社.

中国对外投资合作发展报告编写组,2020.中国对外投资合作发展报告2020[R].北京:中华人民共和国商务部.

中华人民共和国自然资源部,2017.中国矿产资源报告[M].北京:地质出版社.

中华人民共和国自然资源部,2018.中国矿产资源报告[M].北京:地质出版社.

中华人民共和国自然资源部,2019.中国矿产资源报告[M].北京:地质出版社.

中华人民共和国自然资源部,2020.中国矿产资源报告[M].北京:地质出版社.

中华人民共和国自然资源部,2021.中国矿产资源报告[M].北京:地质出版社.

周涛发,范裕,陈静,等,2020.长江中下游成矿带关键金属矿产研究现状与进展[J].科学通报,65(33):3665-3677.

朱伯鹏,张汉清,秦纪华,等,2020.新疆准噶尔东北缘蕴都卡拉金铜钴矿床地质特征及前景分析[J].地质论评,66(1):157-168.

诸爱士,徐亮,沈芬芳,等,2007.钴与镍的分离技术研究综述[J].浙江科技学院学报(3):169-174.

邹本东,2004.锡盟锗矿褐煤中金属元素地球化学特性与锗分析方法的研究[D].呼和浩特:内蒙古大学.

ERICSSON M, LÖF O, LÖF A, 2020. Chinese control over African and global mining-past, present and future[J]. Miner Econ(33):153-181.